V. Feste feiern

3. Wir bereiten eine Geburtstagsfeier vor

Im Kalender steht:

12 Juni
Eric (G)

Eric plant seinen Geburtstag!

- Nimm dir einen Zettel und schreibe darauf, woran Eric denken sollte.
- Vergleiche deine Eintragung mit der deines Nachbarn.
- Bildet Vierer-Gruppen und erstellt eine Checkliste „Geburtstagsvorbereitung". Die unteren Anregungen können euch eine Hilfe bieten.
- Bestimmt einen Gruppensprecher und tragt eure Checkliste der Klasse vor.
- Legt anschließend in der Gruppe das Geburtstagsprogamm fest.
- Denkt auch an eine toll gestaltete Einladung!

Daran sollte man bei der **Checkliste** auch denken:

Kuchen	Überraschungen für die Gäste
Knabbergebäck	Rolle der Erwachsenen
Getränke	Ende der Feier
Abendessen	Beginn der Feier
Ort der Feier	Raumnutzung
Ort des Essens	Programm: alle alles zusammen
Tischdekoration	in Gruppen je nach Lust
Raumdekoration	Spiele – Musik – Unterhaltung
Einladungskarten	Fernsehen – Rally – ....
Platzkarten	....
Geschenketisch	Fahrgemeinschaften

So sieht unser Geburtstagsprogramm aus:

- Zeichnet eine tolle Einladungskarte auf einem leeren Blatt.

V. Feste feiern

3. Wir bereiten eine Geburtstagsfeier vor

Im Kalender steht:

12 Juni
Eric (G)

Eric plant
seinen
Geburtstag!

- Nimm dir einen Zettel und schreibe darauf, woran Eric denken sollte.
- Vergleiche deine Eintragung mit der deines Nachbarn.
- Bildet Vierer-Gruppen und erstellt eine Checkliste „Geburtstagsvorbereitung". Die unteren Anregungen können euch eine Hilfe bieten.
- Bestimmt einen Gruppensprecher und tragt eure Checkliste der Klasse vor.
- Legt anschließend in der Gruppe das Geburtstagsprogamm fest.
- Denkt auch an eine toll gestaltete Einladung!

Daran sollte man bei der **Checkliste** auch denken:	
Kuchen	Überraschungen für die Gäste
Knabbergebäck	Rolle der Erwachsenen
Getränke	Ende der Feier
Abendessen	Beginn der Feier
Ort der Feier	Raumnutzung
Ort des Essens	Programm: alle alles zusammen
Tischdekoration	in Gruppen je nach Lust
Raumdekoration	Spiele – Musik – Unterhaltung
Einladungskarten	Fernsehen – Rally – ....
Platzkarten	....
Geschenketisch	Fahrgemeinschaften

So sieht unser Geburtstagsprogramm aus:

- Zeichnet eine tolle Einladungskarte auf einem leeren Blatt.

V. Feste feiern

3. Wir bereiten eine Geburtstagsfeier vor

Im Kalender steht:

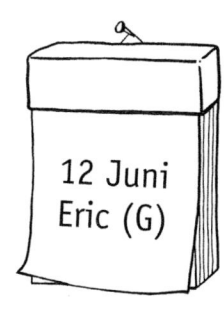

12 Juni Eric (G)

Eric plant seinen Geburtstag!

- Nimm dir einen Zettel und schreibe darauf, woran Eric denken sollte.
- Vergleiche deine Eintragung mit der deines Nachbarn.
- Bildet Vierer-Gruppen und erstellt eine Checkliste „Geburtstagsvorbereitung". Die unteren Anregungen können euch eine Hilfe bieten.
- Bestimmt einen Gruppensprecher und tragt eure Checkliste der Klasse vor.
- Legt anschließend in der Gruppe das Geburtstagsprogamm fest.
- Denkt auch an eine toll gestaltete Einladung!

Daran sollte man bei der **Checkliste** auch denken:

Kuchen	Überraschungen für die Gäste
Knabbergebäck	Rolle der Erwachsenen
Getränke	Ende der Feier
Abendessen	Beginn der Feier
Ort der Feier	Raumnutzung
Ort des Essens	Programm: alle alles zusammen
Tischdekoration	in Gruppen je nach Lust
Raumdekoration	Spiele – Musik – Unterhaltung
Einladungskarten	Fernsehen – Rally – ....
Platzkarten	....
Geschenketisch	Fahrgemeinschaften

So sieht unser Geburtstagsprogramm aus:

- Zeichnet eine tolle Einladungskarte auf einem leeren Blatt.

V. Feste feiern

3. Wir bereiten eine Geburtstagsfeier vor

Im Kalender steht:

12 Juni Eric (G)

Eric plant seinen Geburtstag!

- Nimm dir einen Zettel und schreibe darauf, woran Eric denken sollte.
- Vergleiche deine Eintragung mit der deines Nachbarn.
- Bildet Vierer-Gruppen und erstellt eine Checkliste „Geburtstagsvorbereitung". Die unteren Anregungen können euch eine Hilfe bieten.
- Bestimmt einen Gruppensprecher und tragt eure Checkliste der Klasse vor.
- Legt anschließend in der Gruppe das Geburtstagsprogamm fest.
- Denkt auch an eine toll gestaltete Einladung!

Daran sollte man bei der **Checkliste** auch denken:

Kuchen	Überraschungen für die Gäste
Knabbergebäck	Rolle der Erwachsenen
Getränke	Ende der Feier
Abendessen	Beginn der Feier
Ort der Feier	Raumnutzung
Ort des Essens	Programm: alle alles zusammen
Tischdekoration	in Gruppen je nach Lust
Raumdekoration	Spiele – Musik – Unterhaltung
Einladungskarten	Fernsehen – Rally – ....
Platzkarten	....
Geschenketisch	Fahrgemeinschaften

So sieht unser Geburtstagsprogramm aus:

- Zeichnet eine tolle Einladungskarte auf einem leeren Blatt.

V. Feste feiern

3. Wir bereiten eine Geburtstagsfeier vor

Im Kalender steht:

12 Juni
Eric (G)

Eric plant seinen Geburtstag!

- Nimm dir einen Zettel und schreibe darauf, woran Eric denken sollte.
- Vergleiche deine Eintragung mit der deines Nachbarn.
- Bildet Vierer-Gruppen und erstellt eine Checkliste „Geburtstagsvorbereitung". Die unteren Anregungen können euch eine Hilfe bieten.
- Bestimmt einen Gruppensprecher und tragt eure Checkliste der Klasse vor.
- Legt anschließend in der Gruppe das Geburtstagsprogamm fest.
- Denkt auch an eine toll gestaltete Einladung!

Daran sollte man bei der **Checkliste** auch denken:

Kuchen	Überraschungen für die Gäste
Knabbergebäck	Rolle der Erwachsenen
Getränke	Ende der Feier
Abendessen	Beginn der Feier
Ort der Feier	Raumnutzung
Ort des Essens	Programm: alle alles zusammen
Tischdekoration	in Gruppen je nach Lust
Raumdekoration	Spiele – Musik – Unterhaltung
Einladungskarten	Fernsehen – Rally – ....
Platzkarten	....
Geschenketisch	Fahrgemeinschaften

So sieht unser Geburtstagsprogramm aus:

- Zeichnet eine tolle Einladungskarte auf einem leeren Blatt.

V. Feste feiern

3. Wir bereiten eine Geburtstagsfeier vor

Im Kalender steht:

12 Juni Eric (G)

Eric plant seinen Geburtstag!

- Nimm dir einen Zettel und schreibe darauf, woran Eric denken sollte.
- Vergleiche deine Eintragung mit der deines Nachbarn.
- Bildet Vierer-Gruppen und erstellt eine Checkliste „Geburtstagsvorbereitung". Die unteren Anregungen können euch eine Hilfe bieten.
- Bestimmt einen Gruppensprecher und tragt eure Checkliste der Klasse vor.
- Legt anschließend in der Gruppe das Geburtstagsprogramm fest.
- Denkt auch an eine toll gestaltete Einladung!

<u>Daran sollte man bei der **Checkliste** auch denken:</u>

Kuchen	Überraschungen für die Gäste
Knabbergebäck	Rolle der Erwachsenen
Getränke	Ende der Feier
Abendessen	Beginn der Feier
Ort der Feier	Raumnutzung
Ort des Essens	Programm: alle alles zusammen
Tischdekoration	in Gruppen je nach Lust
Raumdekoration	Spiele – Musik – Unterhaltung
Einladungskarten	Fernsehen – Rally – ....
Platzkarten	....
Geschenketisch	Fahrgemeinschaften

So sieht unser Geburtstagsprogramm aus:

- Zeichnet eine tolle Einladungskarte auf einem leeren Blatt.

Erstelle eine Fest- oder Feierliste. Für fast jeden Buchstaben kannst du einen oder mehrere Feste bzw. Feiern finden.

Allerheiligen, Abiturfeier
Buß- u. Bettag
Christi Himmelfahrt
Dorffest
Erntedank
Fronleichnam
Geburtstag
Heilige 3 Könige, Hochzeit
I
Jubiläum
Karneval, Kommunion
Lichtmess, Luciafest
Muttertag
Namenstag, Neujahr,*
Ostern, Oktoberfest
Patronatsfest, Pfingsten
Q
Richtfest
Schützenfest, Silvester, Schulfest
Tag d. dt. Einheit, Tanz in d. Mai
U
Vatertag, Valentinstag
Weihnachten
Zuckerfest

* Nikolaus

III. Leben in der Familie

- Betrachte die sechs Geschwisterbilder und suche dir das Bild aus, das dich am meisten anspricht.
- Schreibe zu dem Bild eine kleine Geschichte.
- Schüler, die das gleiche Bild gewählt haben, treffen sich in einer Kleingruppe. Jeder erzählt seine Geschichte weiter. Die Gruppe entscheidet über die interessanteste Geschichte.
- Aus jeder Gruppe wird eine Geschichte der Klasse vorgetragen.
- Sucht eine Überschrift zu jeder Szene. Tragt sie auf das Blatt ein.
- Berichtet über eigene Erfahrungen mit Geschwistern.

Tanja ist Einzelkind. Sie hätte gerne einen Bruder oder eine Schwester. Auf einem Wunschzettel schreibt sie auf, warum sie gerne ein Geschwisterchen hätte.

Darum wünsche ich mir eine Schwester:

Darum wäre ich lieber alleine:

Horst hat noch einen älteren Bruder und eine jüngere Schwester. Sie notiert, warum sie lieber ohne Geschwisterchen wäre.

- Füll den jeweiligen „Wunschzettel" aus.
- Sucht die wichtigsten Gründe für oder gegen Geschwister.
- Wie würdest du entscheiden, wenn du könntest?

Wenn du Geschwister hast, dann helfen einige Tipps für ein geordnetes Zusammenleben. Kreuze die richtigen Tipps an.

☐ Dem Kleineren immer zeigen, wer das Sagen hat.
☐ Wenn du einmal nachgibst, dann wird es immer so sein.
☐ Nach dem Spielen räumen wir gemeinsam auf.
☐ Wir teilen uns die Arbeit im Haushalt gerecht auf.
☐ Ich helfe, wenn der Andere Probleme hat.
☐ Der Ältere hat mehr Rechte.
☐ Bei ungelösten Fragen versuchen wir Kompromisse zu finden.
☐ „Dafür bin ich noch zu klein", zählt als Ausrede nicht.
☐ Zu zweit lässt sich manches viel leichter regeln.

- Begründe, warum du dich so entschieden hast.
- Suche selbst positive Aussagen zu Geschwistern.

III. Leben in der Familie

- Betrachte die sechs Geschwisterbilder und suche dir das Bild aus, das dich am meisten anspricht.
- Schreibe zu dem Bild eine kleine Geschichte.
- Schüler, die das gleiche Bild gewählt haben, treffen sich in einer Kleingruppe. Jeder erzählt seine Geschichte weiter. Die Gruppe entscheidet über die interessanteste Geschichte.
- Aus jeder Gruppe wird eine Geschichte der Klasse vorgetragen.
- Sucht eine Überschrift zu jeder Szene. Tragt sie auf das Blatt ein.
- Berichtet über eigene Erfahrungen mit Geschwistern.

Tanja ist Einzelkind. Sie hätte gerne einen Bruder oder eine Schwester. Auf einem Wunschzettel schreibt sie auf, warum sie gerne ein Geschwisterchen hätte.

Darum wünsche ich mir eine Schwester:

Darum wäre ich lieber alleine:

Horst hat noch einen älteren Bruder und eine jüngere Schwester. Sie notiert, warum sie lieber ohne Geschwisterchen wäre.

- Füll den jeweiligen „Wunschzettel" aus.
- Sucht die wichtigsten Gründe für oder gegen Geschwister.
- Wie würdest du entscheiden, wenn du könntest?

Wenn du Geschwister hast, dann helfen einige Tipps für ein geordnetes Zusammenleben. Kreuze die richtigen Tipps an.

☐ Dem Kleineren immer zeigen, wer das Sagen hat.
☐ Wenn du einmal nachgibst, dann wird es immer so sein.
☐ Nach dem Spielen räumen wir gemeinsam auf.
☐ Wir teilen uns die Arbeit im Haushalt gerecht auf.
☐ Ich helfe, wenn der Andere Probleme hat.
☐ Der Ältere hat mehr Rechte.
☐ Bei ungelösten Fragen versuchen wir Kompromisse zu finden.
☐ „Dafür bin ich noch zu klein", zählt als Ausrede nicht.
☐ Zu zweit lässt sich manches viel leichter regeln.

- Begründe, warum du dich so entschieden hast.
- Suche selbst positive Aussagen zu Geschwistern.

III. Leben in der Familie

- Betrachte die sechs Geschwisterbilder und suche dir das Bild aus, das dich am meisten anspricht.
- Schreibe zu dem Bild eine kleine Geschichte.
- Schüler, die das gleiche Bild gewählt haben, treffen sich in einer Kleingruppe. Jeder erzählt seine Geschichte weiter. Die Gruppe entscheidet über die interessanteste Geschichte.
- Aus jeder Gruppe wird eine Geschichte der Klasse vorgetragen.
- Sucht eine Überschrift zu jeder Szene. Tragt sie auf das Blatt ein.
- Berichtet über eigene Erfahrungen mit Geschwistern.

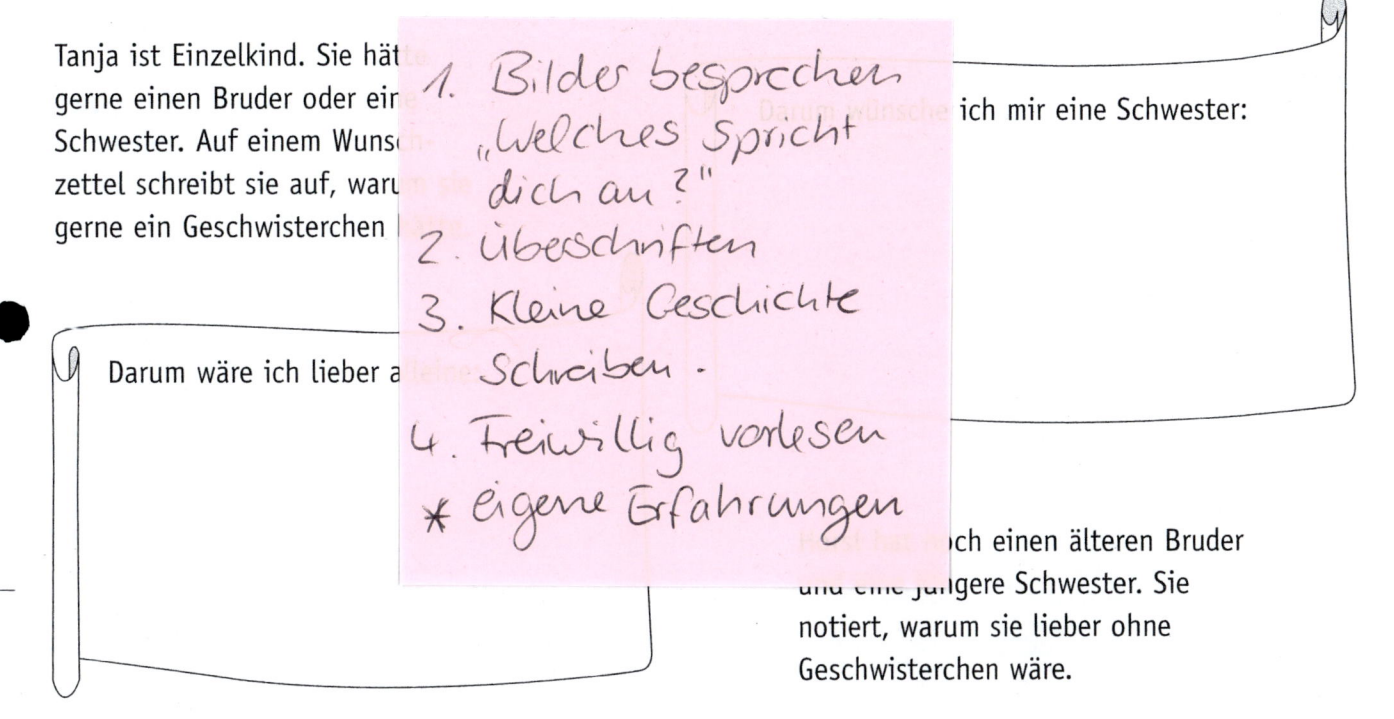

Tanja ist Einzelkind. Sie hätte gerne einen Bruder oder eine Schwester. Auf einem Wunschzettel schreibt sie auf, warum sie gerne ein Geschwisterchen [hätte].

Darum wäre ich lieber a[llein]:

Darum wünsche ich mir eine Schwester:

[...] noch einen älteren Bruder und eine jüngere Schwester. Sie notiert, warum sie lieber ohne Geschwisterchen wäre.

- Füll den jeweiligen „Wunschzettel" aus.
- Sucht die wichtigsten Gründe für oder gegen Geschwister.
- Wie würdest du entscheiden, wenn du könntest?

Wenn du Geschwister hast, dann helfen einige Tipps für ein geordnetes Zusammenleben. Kreuze die richtigen Tipps an.

☐ Dem Kleineren immer zeigen, wer das Sagen hat.
☐ Wenn du einmal nachgibst, dann wird es immer so sein.
☐ Nach dem Spielen räumen wir gemeinsam auf.
☐ Wir teilen uns die Arbeit im Haushalt gerecht auf.
☐ Ich helfe, wenn der Andere Probleme hat.
☐ Der Ältere hat mehr Rechte.
☐ Bei ungelösten Fragen versuchen wir Kompromisse zu finden.
☐ „Dafür bin ich noch zu klein", zählt als Ausrede nicht.
☐ Zu zweit lässt sich manches viel leichter regeln.

- Begründe, warum du dich so entschieden hast.
- Suche selbst positive Aussagen zu Geschwistern.

Handschriftliche Notiz auf rosa Zettel:

1. Bilder besprechen „Welches spricht dich an?"
2. Überschriften
3. Kleine Geschichte schreiben.
4. Freiwillig vorlesen
* eigene Erfahrungen

III. Leben in der Familie

1. Jeder erfüllt seine Aufgabe

In einer Familie haben nicht nur Vater und Mutter Aufgaben und Pflichten zu erledigen, sondern auch die Kinder.

- Setzt euch in einen Stuhlkreis und stellt in die Mitte ein kleines Podest. Werft euch vorsichtig einen Ball zu. Wer den Ball schnappt, darf sich auf das Podest stellen und den Mitschülern erklären, welche Aufgaben er in oder für die Familie erledigt.
- Notiert euch dabei die genannten Tätigkeiten in Stichworten auf ein Schmierblatt.
- Stellt anschließend in Partnerarbeit zusammen, welche Aufgaben Kinder eurer Klasse in der Familie übernehmen können, sollten oder müssen.
- Tragt diese in das Schaubild ein.

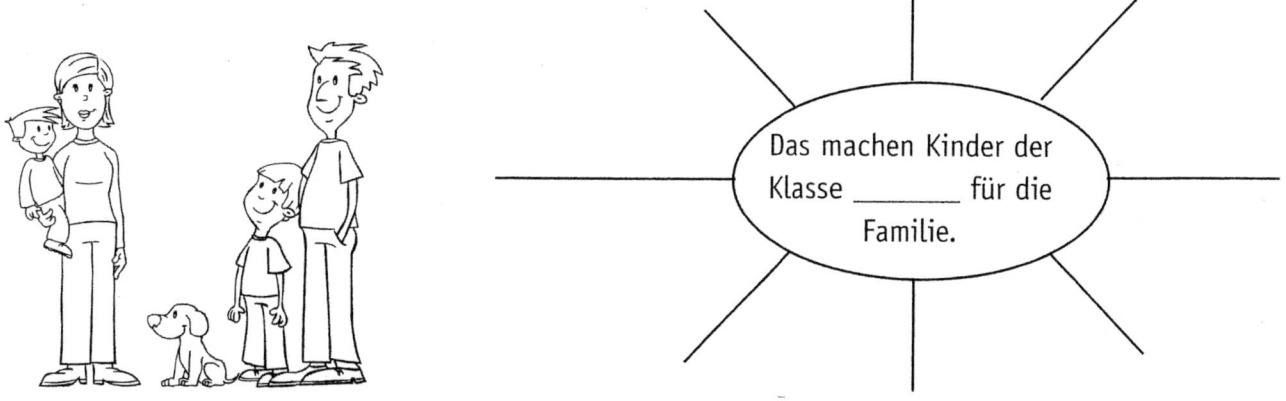

Das machen Kinder der Klasse _____ für die Familie.

- Besprecht in der Klasse eure Lösungen.

In jeder Familie gibt es viele kleine Bereiche, in denen jedes Familienmitglied seine Aufgaben zu erledigen hat.

- Fülle die folgende Tabelle aus

Bereich	Vater	Mutter	Sohn / Tochter
Gartenarbeit			
Hausreinigung			
Haustier			

III. Leben in der Familie

So oder So

Ein kurzer Blick in die Familie ...
Die Familie trifft sich in der Küche, Mutter hat zum Mittagessen gerufen.

Vater – Mutter – Paul – Clementine	Vater – Mutter – Chris – Pauline
Paul meckert, es sei keine Cola da. Vater geht in den Keller eine Flasche holen. Mutter gießt Pauls Glas voll. Clementine möchte mit einem Strohhalm trinken. Also besorgt Mutter einen Halm aus der Schublade. Inzwischen schöpft sich Paul den Teller so voll, dass es fast herunterfällt. Nach dem Essen springen die Kinder auf. Paul spielt weiter am PC. Clementine trifft mit Tina. Das Geschirr bleibt stehen. Das ist Mutters Arbeit. Vater versorgt den Hund ...	Vater sitzt am Tisch. Chris holt ihm ein Bier aus dem Keller. Mutter reicht ihm ein sauberes Salattellerchen und Pauline schiebt ihm das Fleisch zu. Vater bedient sich zuerst, danach der Rest. Nach dem Essen geht Vater mit der Zeitung ins Wohnzimmer. Mutter spült, Pauline trocknet ab. Chris geht mit dem Hund spazieren. Zuvor holt er Vater aber noch ein Bier. Anschließend putzt Mutter die Küche. Vater wird ungeduldig. „Wo bleibt ihr, wir wollen doch Auto fahren ..."

- Erzählt die beiden Szenen, denkt euch zu den Handlungen entsprechend passende Bemerkungen aus.
- Spielt eine der beiden Szenen und notiert, was euch auffällt.
- Was ist in der jeweiligen Familie in Ordnung, was nicht?
- Diskutiert über verschiedene Ansichten.

Entwerft eine dritte Szene, in der das Mittagessen so abläuft, wie es eigentlich sein sollte. Ihr könnt die Szene zeichnen und mit Sprechblasen versehen.

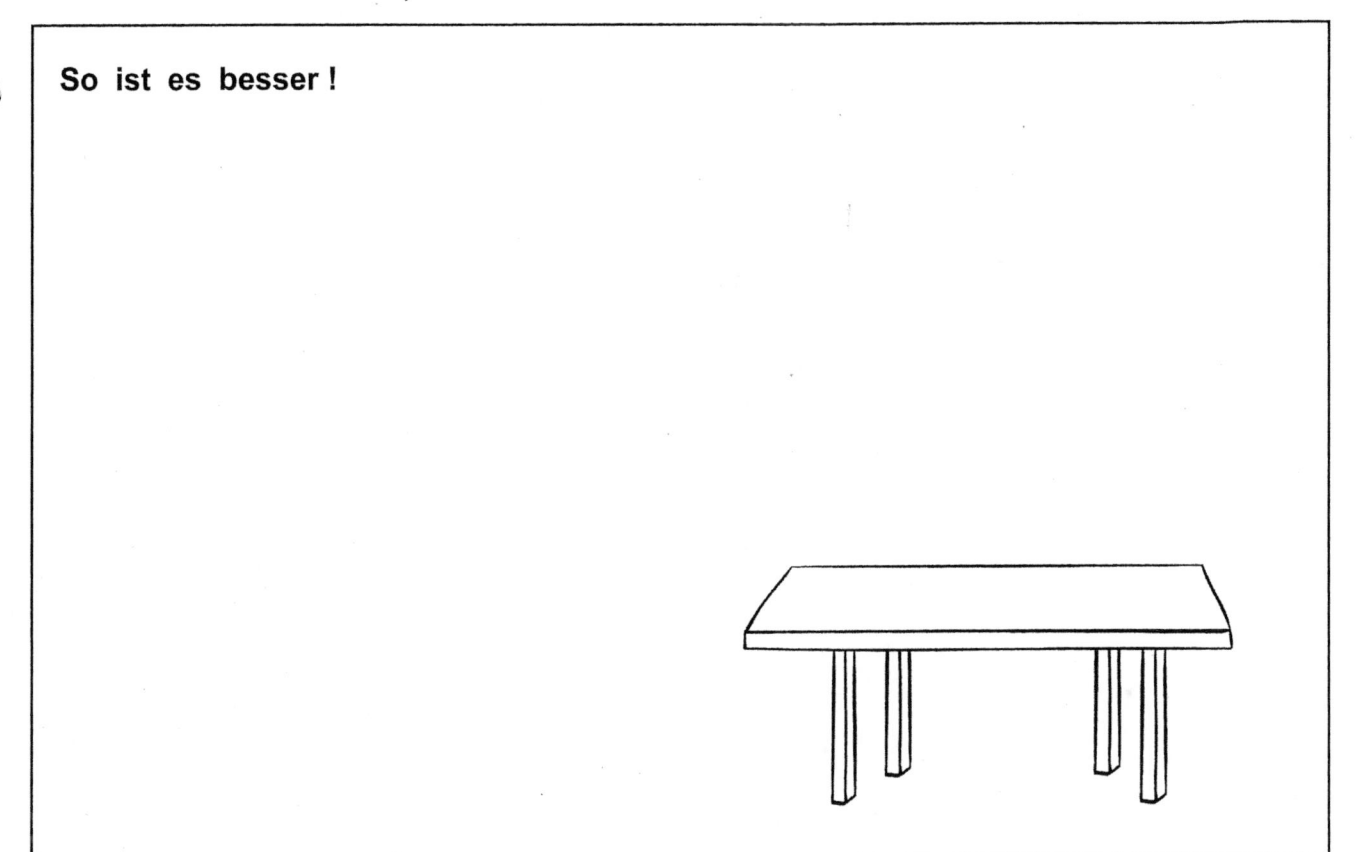

So ist es besser!

Inhaltsverzeichnis

I. Meine Träume, meine Wünsche 2
1. Auch ich bin einmalig 2
2. Nachdenken über sich selbst 5
3. Träume sind erlaubt 7
4. Meine Wünsche für die Zukunft 9

II. Freundschaft verbindet 11
1. Freunde sind wichtig 11
2. Wie sollen Freunde sein? 13
3. Symbole für Freundschaft 15
4. Ein Freund muss nein sagen können 16
5. Freundschaften können zerbrechen 18

III. Leben in der Familie 20
1. Jeder erfüllt seine Aufgabe 20
2. Ich lebe mit Geschwistern zusammen 22
3. Familien sind ganz verschieden 24
4. Konflikte in der Familie 27
5. Auch alte Menschen sind ein Teil der Familie .. 29

IV. Streiten und Versöhnen 31
1. Warum streiten Kinder? 31
2. Wie fühlen sich Kinder beim Streit? 32
3. Richtig streiten ist wichtig 34
4. Warum ist Versöhnen so schwer? 35
5. Ohne Versöhnung gibt es keinen Frieden 37

V. Feste feiern 40
1. Feste und Feiern gibt es viele 40
2. Warum feiern Menschen Feste? 41
3. Wir bereiten eine Geburtstagsfeier vor 43
4. Feste verschiedener Religionen 44

VI. Natur und Umwelt 47
1. Menschen leben mit der Natur 47
2. Die Natur beschwert sich 49
3. So belasten wir Natur und Umwelt 50
4. Wir zerstören die Umwelt – die Natur wehrt sich .. 53
5. Die Natur wehrt sich – wir müssen handeln 56
6. Ein Umwelttagebuch hilft uns und der Natur 58

I. Meine Träume, meine Wünsche

1. Auch ich bin einmalig

Frau Klein war bei ihrer „Lieblingsbeschäftigung", sie suchte ihre Lesebrille. Im Briefkasten hatte sie eine Postkarte entdeckt und wollte jetzt natürlich wissen, wer ihr aus dem Urlaub geschrieben hatte. „Tim, hast du meine Brille gesehen?", lautete die schon fast verzweifelt klingende Frage an ihren Sohn. „Nein, Mama, wo hattest du sie denn zuletzt?", antwortete er. „Wenn ich das wüsste, so etwas passiert mir doch eigentlich nie", meinte Frau Klein etwas kleinlaut. „Ach Mama, ich glaube immer öfter" und nach einer kurzen Pause, in der Frau Klein in der Tischschublade suchte, fuhr Tim fort: „Hast du nicht eben den Knopf an den Hemdsärmel genäht?" Tim stand nun neben der Mutter. Als diese sich beugte, um im Nähkorb zu suchen, lachte Tim los: „Typisch, sie hängt an der Schnur um deinen Hals." „Mensch Tim", die Mutter griff zur Brille, „wenn ich dich nicht hätte – du bist wirklich einmalig!"

- Spielt die kleine Szene zu zweit vor der Klasse nach.
- Was ist an dieser Geschichte so lustig?
- Warum behauptet Frau Klein: Du bist wirklich einmalig?
- Was bedeutet dieses „einmalig"?
- Hat zu dir auch schon jemand so etwas gesagt? In welcher Situation?

Eine Bemerkung, die etwas Ähnliches ausdrückt lautet:

| Susi war eine Woche lang krank und hat in der Schule gefehlt. Am nächsten Tag schreibt sie das Diktat mit und hat keinen Fehler. Frau Rost, die Lehrerin meint bei der Rückgabe: | **So etwas wie dich gibt es nicht noch einmal!** | Elvira hilft der Mutter beim Tischdecken. Zwei Teller zu tragen war ihr zu wenig, bei fünf Tellern fiel der oberste herunter und zersprang. Da rief die Mutter: |

- Was meint die Lehrerin bzw. die Mutter mit der Bemerkung?
- Wann treffen Menschen eine solche Aussage?

> *Wenn man etwas besonders gut oder auch schlecht gemacht hat, dann sagt man dazu: So etwas wie dich gibt es nicht noch einmal!*

- Denke dir selbst eine Situation aus, in der deine Mutter, dein Lehrer, dein Opa, deine Tante oder ... eine solche Bemerkung macht. Stell danach die Situationen der Klasse vor.

I. Meine Träume, meine Wünsche

Nico und Kevin sind Zwillinge. Sie sehen sich zum Verwechseln ähnlich. Der Hausmeister, Herr Schmitz, spricht die beiden an, nachdem er das Klirren einer Scheibe gehört hat.

Kevin, warst du das?

Ich bin nicht Kevin

Der da ist Kevin.

Nein, ich bin doch Nico.

Als die Mutter die beiden wenig später an der Schule abholt und von dem Vorfall erfährt, sagt sie: Ich verstehe nicht, dass man die zwei Jungen nicht auseinanderhalten kann, jeder ist doch einmalig. Wenn einer geschossen hat, dann war es....

- Beschreibe die gezeichnete Situation.
- Warum hat Herr Schmitz Probleme, die Jungen auseinanderzuhalten?
- Warum klappt dies bei der Mutter so einfach?
- Mutter behauptet, auch bei Zwillingen ist jeder einmalig. Stimmt das?
- Hast du selbst Erfahrungen mit Zwillingen? Berichte darüber.
- Notiere in einer Tabelle, was Zwillinge gemeinsam haben und worin sie sich unterscheiden können.

Zwillinge haben gemeinsam:	Zwillinge unterscheiden sich:

I. Meine Träume, meine Wünsche

Auch du bist einmalig. Schildere und beschreibe dich in einem Steckbrief.

Das bin ich, _____

mein Daumenabdruck

meine Familie

mein Foto

mein Aussehen

meine Hobbys

meine Schule

meine besonderen Eigenschaften und Fähigkeiten

- Stellt eure Steckbriefe vor. Vergleicht eure Daumenabdrücke.
- Spielt: Ich habe etwas, was du nicht hast oder ich kann etwas, was du nicht kannst.

I. Meine Träume, meine Wünsche

2. Nachdenken über sich selbst

Tanja sitzt in ihrem Zimmer und schmollt. Sie ist sauer auf ihre Tante Helga, die Schwester ihrer Mutter. Tanja wäre so gerne allein zur Kirmes gegangen und erst später nach Hause gekommen, um sich mit anderen Mädchen zu treffen. Mit immer wieder neuen Fragen und Bitten hätte sie fast die Mutter überredet, wenn nicht Tante Helga gekommen wäre. Die hörte sich dreimal das Fragen an und sagte dann zur Mutter: „Du wirst doch deiner Nervensäge nicht nachgeben?" „Alte Schachtel!", war daraufhin Tanja rausgerutscht. Nun sitzt sie in ihrem Zimmer und denkt nach:

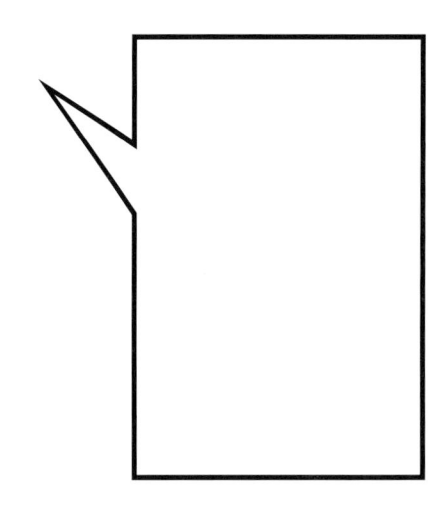

Joschi schwebt auf Wolke 7. Soeben hat er seine erste Zwei in der Mathematikarbeit zurückbekommen. Mathe, sein Sorgenfach und jetzt eine Zwei. Die Eltern werden sich freuen, sein Arbeiten und Üben hat sich gelohnt. Er hat sogar auf das Spielfest am letzten Wochenende verzichtet und statt dessen mit dem Vater geübt. Auf dem Nachhauseweg denkt Joschi nach:

- Schildere die beiden Situationen.
- Notiere in die Denkblase, worüber Tanja bzw. Joschi nachdenkt.
- Welche Folgen werden Tanja und Joschi aus dem Nachdenken ziehen? Schreibe deine Ideen unten in dem Kasten auf.

Tanja:

Joschi:

I. Meine Träume, meine Wünsche

Auch für ein Kind ist es schon wichtig, einmal über sich selbst nachzudenken. Dies hilft ihm, sein Leben besser zu gestalten, da es positive wie negative Seiten an sich entdecken kann.

- Denke über dich selbst einmal nach. Fülle dazu die untere Tabelle aus. Nimm dir deinen Steckbrief als Vorlage.

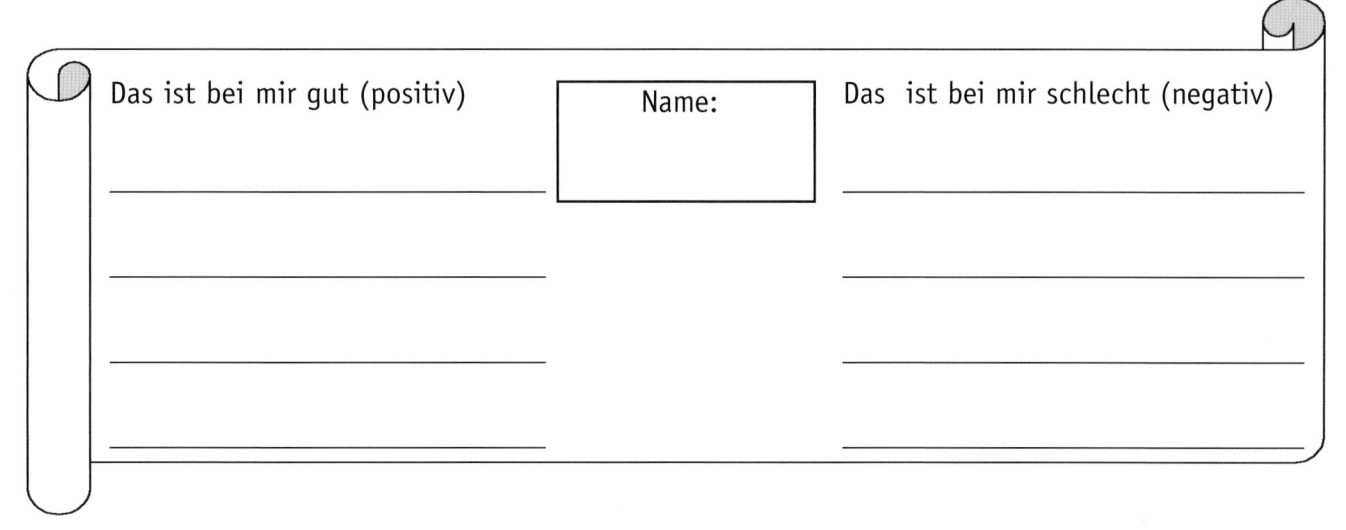

Das ist bei mir gut (positiv)	Name:	Das ist bei mir schlecht (negativ)
_____		_____
_____		_____
_____		_____
_____		_____

- Überlege, welche Konsequenzen sich daraus für dich ergeben können.

Beispiel: Tanja lässt sich leicht provozieren; Sie reagiert dann meistens mit Schimpfen und beleidigenden Worten wie Zicke, blöde Kuh, …

Folgerung: Tanja nimmt sich vor: „Bei der nächsten Provokation sage ich nichts, sondern reiße einen Zettel aus dem Block und zerknülle ihn."

- Suche dir aus deinen guten bzw. schlechten Seiten zwei besonders wichtige aus. Schreibe die Eigenschaft auf und ziehe jeweils eine sinnvolle Schlussfolgerung.

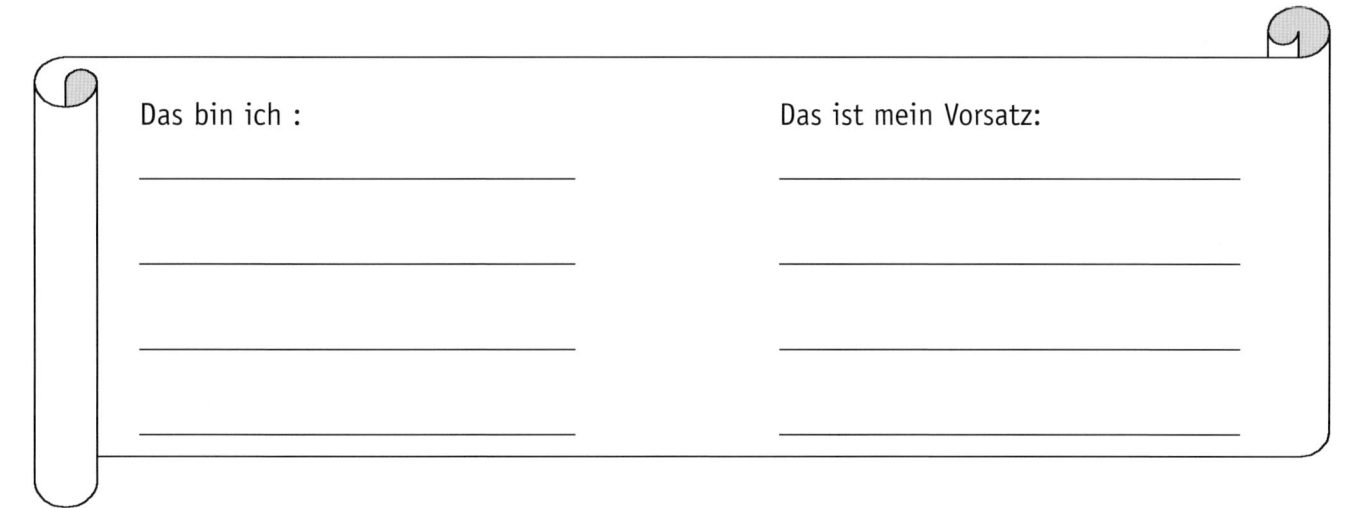

Das bin ich:	Das ist mein Vorsatz:
_____	_____
_____	_____
_____	_____
_____	_____

- Überlege dir, welchen der Vorsätze du in der nächsten Zeit wirklich umsetzen möchtest.
- Schreibe diesen auf ein nett gestaltetes „Vorsatzblatt" und hänge es in deinem Zimmer an einer übersichtlichen Stelle auf.

I. Meine Träume, meine Wünsche

3. Träume sind erlaubt

Am Samstag beginnt das große Volksfest. Tina liegt abends in ihrem Bett und träumt:

Morgen Nachmittag treffen wir uns am Autoskooter. Das wird super!

Ob die Achterbahn wieder da ist? Mit Hilli gehe ich dieses Mal in das Geisterhaus! Angst – bibber – huch

- Wovon träumt Tina?
- Wie könnten solche Erlebnisse aussehen, z. B. im Geisterhaus?
- Hast du auch schon einmal an so ein Volksfest gedacht? Berichte.

Eine Traumreise

Lege ein weißes Blatt mit Malstiften vor dich auf deinen Tisch.
Setze dich ganz entspannt auf den Stuhl und lehne dich zurück. Schließe deine Augen und konzentriere dich ausschließlich auf das, was jetzt vorgetragen wird. Lass dich nicht ablenken. Die leise Musik im Hintergrund soll helfen, die Situation zu verdeutlichen.

> … deine erste Ferienfreizeit auf die Nordseeinsel Borkum. Vor ein paar Stunden bist du mit anderen Kindern angekommen und hast dein Zimmer bezogen und den Schrank eingeräumt. Das Abendessen ist vorbei. Du sitzt jetzt auf einer Bank im Park, riechst die würzige Seeluft, spürst den leichten Wind. Obwohl die Sonne noch sehr warm scheint, ist es angenehm. „Morgen werdet ihr einen aufregenden Tag erleben, also entspannt euch", mit diesen Worten hat euch euer Gruppenleiter in eine halbe Stunde Freizeit entlassen. Was wird es morgen geben? Du beginnst zu träumen und denkst an Erlebnisse, die für dich schön und aufregend wären. ….

- Male zu deinen Gedanken ein Bild! Was erwartest du von dem Morgen?
- Vergleiche das Bild mit dem deines Nachbarn.
- Legt die Bilder vor euch auf den Tisch. Unternehmt anschließend einen Rundgang und schaut euch die Bilder der Klassenkameraden an.

I. Meine Träume, meine Wünsche

- Was haben die Bilder gemeinsam, wo sind Unterschiede erkennbar?
- Hängt die schönsten Bilder auf - Träumen ist erlaubt.

Träumen kann man aber nicht nur über die schönen Dinge des Lebens wie Feste, Urlaub oder Freizeit, sondern auch über ernste Fragen, Sorgen oder Probleme:

Svenja hat gestern Abend wieder einmal den Streit zwischen ihren Eltern miterlebt. Wie so oft ging es um die Hausarbeit. Mutter beschwerte sich, dass der Vater „keinen Schlag hilft", wie sie es ausdrückte. Vater entgegnete, dass die blöde Hausarbeit eben „Frauensache" sei und er müde und abgespannt sei. Außerdem müsste man nicht ständig neue Teller und Bestecke holen. Man kann auch alles auf einen Teller legen. Mutter beschimpfte Vater dann als „primitiv". Vater ist danach ausgerastet, hat die Zimmertüre geknallt und ist ab in die Kneipe. Svenja hat Angst, dass sich ihre Eltern trennen werden. In der Nacht träumt Svenja:	Kalle ist Torwart der C-Jugend. Am nächsten Freitag ist das „Endspiel" um die Meisterschaft. Der Zweite in der Tabelle kommt zu Kalles Club. Wer Gewinner ist, ist Meister. Kalle hat am letzten Freitag schlecht gespielt und der Trainer hat ihm gedroht: „Ich weiß noch nicht, ob ich dich im nächsten Spiel ins Tor lasse, so pflaumig wie du letztens warst." Kalle ist schon die gesamte Woche ziemlich aufgeregt und fiebert dem Donnerstag, dem Abschlusstraining, entgegen. Dort wird die Aufstellung bekanntgegeben. In der Nacht auf Donnerstag träumt Kalle:

- Welche Sorge hat Svenja?
- Worüber haben sich ihre Eltern gestritten?
- Was hält Svenja von dem Streit?
- Welches Problem hat Kalle?
- Warum ist seine Aufstellung noch unsicher?

In der Nacht träumen beide von Ihrem Problem. Träume sind erlaubt – es können gute Träume (Paradiesträume) aber auch schlechte Träume (Albträume) werden.

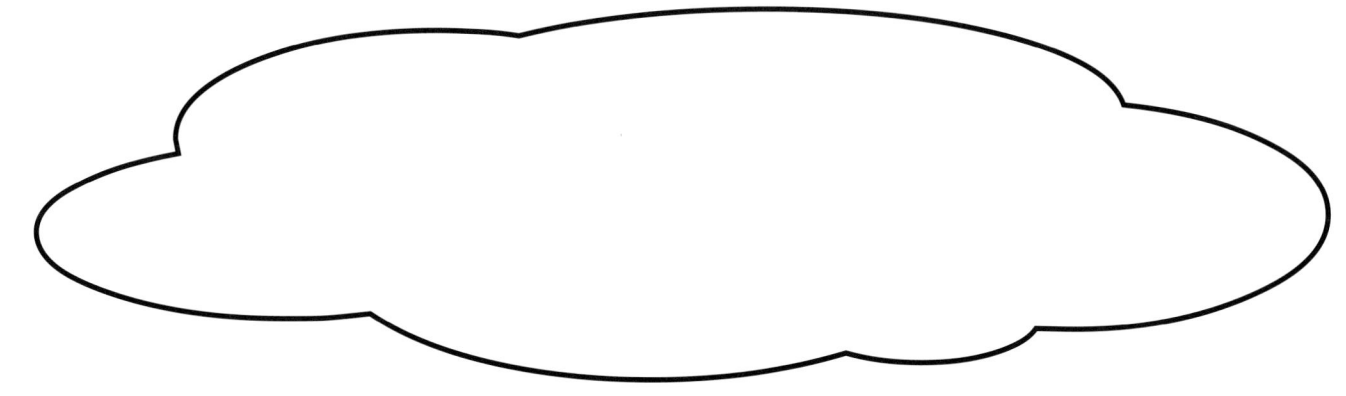

- Entscheide dich für einen Fall und zeichne, was Kalle oder Svenja träumt. Der Traum kann gut oder schlecht sein!
- Vergleicht eure Traumbilder.

I. Meine Träume, meine Wünsche

4. Meine Wünsche für die Zukunft

Wünsche von Kindern: Ich möchte gerne ...
einen guten Aufsatz schreiben.   eine Ehrenurkunde beim Sportfest erlangen.
Ferien in den Bergen erleben.   eine Empfehlung für das Gymnasium erhalten.
Fußballer in der Nationalmannschaft werden.   als Tierärztin arbeiten.
ein eigenes Zimmer besitzen.   endlich einen kleinen Bruder bekommen.
Stadtmeister im Schwimmen werden.   einen Urlaub an der Nordsee verbringen.

- Erzähle und berichte über die verschiedenen Wünsche.
- Schreibe selbst noch drei eigene Wünsche dazu, die dir gerade einfallen.
- Ordnet die Wünsche in Partnerarbeit in die Tabelle unten ein. Begründet, warum ihr sie dieser Spalte zugewiesen habt.
- Vergleicht eure Ergebnisse im Klassenverband.

Leicht erfüllbar	Schwer erfüllbar	Kaum erfüllbar

Drei Wünsche für die Zukunft

Susi sitzt im Garten und blickt auf den Teich. Sie sieht, wie die beiden Fische sich jagen und Haken schlagend durchs Wasser flitzen.
In der Teichmitte breiten sich die ersten, flachen, dunkelgrünen Blätter von Seerosen aus. Einige Libellen lassen sich darauf nieder.
Es sieht aus, als würden sie Eier auf die Blätter ablegen. Susi blickt in die dunkle Tiefe des Wassers. Es scheint ihr, als käme eine Gestalt langsam und bedächtig zwischen den Blättern aus dem Wasser heraus.
„Du hast drei Wünsche frei, liebe Susi", säuselt die Gestalt, „aber überlege gut, nur drei! Wunsch ist Wunsch und lässt sich nicht verbessern." Als Susi erstaunt aufblickt, ist die Gestalt verschwunden und das Wasser genau wie vorher. Susi überlegt: Drei Wünsche sind viel, aber auch wenig. Was soll ich mir jetzt wünschen?

I. Meine Träume, meine Wünsche

- Erzähle die kurze Geschichte von Susi am Teich.
- Was hättest du dir spontan gewünscht?

1.

2.

3.

- Schreibe eine eigene Wunschgeschichte und gestalte diese mit Bildern und Farbe.
- Hänge deine Wunschgeschichte in der Klasse auf.

Wenn du nun an die nächsten Tage und Monate denkst, dann fällt es dir sicher nicht schwer, dazu Wünsche zu äußern.

- Schreibe Wünsche auf, die für dich wichtig sind.
- Welche Folgen haben diese Wünsche für dein weiteres Arbeiten?

Meine Wünsche für die Zukunft:

Das will ich dafür tun!

Wünsche zu haben ist für das Leben wichtig. Sie geben unserem Leben eine Richtung und einen Sinn.

II. Freundschaft verbindet

1. Freunde sind wichtig

Ein beruhigendes Gespräch

„Was ist los mit dir?", fragt die besorgte Mutter, als Steven über seinen Hausaufgaben sitzt, ohne etwas zu schreiben. „Du wirkst so bedrückt, Junge. Kann ich dir irgendwie helfen? Ist etwas in der Schule?

Steven: Nein, in der Schule ist alles in Ordnung. Aber ich habe einfach Angst.

Mutter: Angst, aber wovor denn, Steven? In drei Tagen gibt es Sommerferien und dann fährst du für 14 Tage mit der Jugendgruppe zum Wacholdersee.

Steven: Das ist es ja. Ich will nicht mitfahren.

Mutter: Aber Junge, wir haben dir doch genau erklärt, warum wir in diesem Sommer nicht gemeinsam Urlaub machen können. Wir wollen im Haus renovieren und sind froh, wenn du gut betreut bist.

Steven: Aber ich kenne doch keinen. Beim Vorgespräch waren nur fremde Kinder da.

Mutter: Was ist daran so schlimm? Dann lernst du doch welche kennen. Die waren doch alle sehr nett.

Steven: Ich will aber nicht mit einem fremden Jungen in einem Zimmer schlafen. Morgens weiß ich nicht, neben wem ich frühstücken soll. Vielleicht klaut ja auch einer. Dann ist mein neues Handy weg.

Mutter: Du machst dir aber seltsame Sorgen. Ich wäre froh gewesen, ...

Steven: Vielleicht lachen die mich aus, weil ich noch nicht so gut schwimmen kann oder ich steh immer alleine herum. Und im Ballspielen bin ich ja auch nicht gerade gut.

Mutter: Aber Steven, jetzt hör auf.

Steven: Was ist, wenn ich krank werde oder es mir nachts schlecht geht?

In diesem Moment kommt Vater von der Arbeit nach Hause. Er hört die Stimmen und kommt in Stevens Zimmer. Er sieht die sorgenvollen Blicke von Steven und seiner Frau.

Vater: Hallo, ich hoffe, ich störe nicht. Ich bin etwas später dran. Ist etwas passiert?

Steven: Ach, Papa, ich habe Angst vor der Ferienfreizeit und Mutti will es einfach nicht verstehen.

Mutter: Ja, Klaus, ich kann Steven mit nichts beruhigen. Er stellt sich alles ganz schlimm und schrecklich vor.

Vater: Aber eine Ferienfreizeit ist doch etwas Schönes und Erlebnisreiches.

Steven: Aber nicht, wenn man keinen kennt und alles allein machen soll.
Steven lässt den Kopf hängen, Tränen drücken sich aus seinen Augen. Er schluchzt und ringt nach Atem. Vater holt erleichtert Luft.

Vater: Mensch Junge, alter Indianer. Ich war eben noch gerade bei Familie Knecht, um einen Brief abzugeben. Wir kamen ins Gespräch und Frau Knecht erzählte, dass ihr Sohn Tim ebenfalls die Freizeit mitmachen wird. Sie haben ihn heute Nachmittag angemeldet und waren froh, dass noch ein Platz frei war.

Steven: Was, der Tim fährt mit, mein bester Freund, dann ist alles gut.
Mutti, was gibt es zu essen?

II. Freundschaft verbindet

- Spielt das Gespräch mit den verschiedenen Rollen.
- Wovor hat Steven so große Angst?
- Ist es nicht gemein, ihn alleine in die Ferien zu schicken?
- Welcher Satz muntert Steven auf?
- Was ist für Steven jetzt anders geworden? Notiere.

Steven hat Angst	Steven ist
Er kennt keinen anderen Mitfahrer.	Sein bester Freund fährt jetzt mit.

- Was bewirkt die Mitfahrt von Tim?

Hat man einen guten Freund an seiner Seite, dann fühlt man sich nicht ängstlich, sondern beruhigt.

- Hast du auch schon Situationen erlebt, wo ein Freund (eine Freundin) beruhigend auf dich gewirkt hat? Erzähle!
- Erläutere anhand der beiden Beispiele, wie ein Freund oder eine Freundin in der jeweiligen Situation hilft.

①

Komm her, wenn du Feigling dich traust. Ich gebe dir eine mit!

②
Semse soll für ihre Mutter beim Bäcker die Brötchenrechnung vom Morgen bezahlen, da sie ihre Geldbörse vergessen hatte. Semse traut sich nicht und fragt ihre Freundin Anna.

II. Freundschaft verbindet

2. Wie sollen Freunde sein?

Schon seit einer halben Stunde sitzt Georg missmutig über seinen Hausaufgaben. Zwei Wochen hat er in der Schule gefehlt und dadurch viel versäumt. Jetzt weiß er wirklich nicht, wie die Rechenaufgaben gehen. Da kommt ihm eine super Idee, wie er findet. Ich gehe zu meinem Freund Jörg und bitte ihn, mir das alles zu erklären. Jörg ist gut in Mathematik, ein Einserkandidat.
Als Georg das Haus verlässt, ist er wieder gut gelaunt, er pfeift sogar sein Lieblingslied. Gerade als er klingeln will, geht die Türe auf und Jörg kommt mit seinem neuen Lederball aus dem Haus. „Ich gehe Fußball spielen, kommst du mit?", fragt er den überraschten Georg. Dieser beginnt zu stottern: „Ja, aber ich wollte dich fragen, ob du mir in Mathe helfen kannst. Ich verstehe nichts!" Jörg sagt nichts, sondern überlegt:

Julia ist ziemlich aufgeregt. Sie hat zufällig beobachtet, wie Kerstin im Supermarkt in ihrer Tasche eine CD hat verschwinden lassen. Eine zweite CD hat Kerstin an der Kasse bezahlt und die „geklaute" CD dann ihrem Begleiter Timo geschenkt. Julia weiß, dass dies Unrecht ist. Wenn sie es aber ihrer Mutter erzählt, ruft diese mit Sicherheit sofort Kerstins Mutter an und sie steht als „Petze" dar. Wenn sie nichts sagt, dann stiehlt Kerstin vielleicht wieder, weil es nicht aufgefallen ist.
In ihrer Aufregung fällt ihr ihre Freundin Anne ein. Mit der könnte sie sich besprechen. Anne weiß immer einen Rat. Julia greift zum Telefonhörer:

Holger ist mit seinen Eltern umgezogen. In der neuen Nachbarschaft hat er schon einige Kinder kennengelernt. Carlo und Winni findet er besonders nett, obwohl die beiden sich nicht so mögen. Carlo spielt wie er begeistert Tischtennis und hat auch schon gefragt, ob er mit zum Training kommt. Winni geht zweimal die Woche schwimmen, aber schwimmen mag Holger nicht so. Winni ist gut in der Schule, gibt gerne an, hat aber Holger schon bei Aufgaben geholfen. Carlo dagegen mögen viele, weil er bei Streit immer versucht zu vermitteln. Auch er hat Winni schon vor Ärger bewahrt. Holger sitzt am Tisch und wägt ab: Winni oder Carlo?

Silke und Marie sind gute Feundinnen. Sie treffen sich oft am Nachmittag, um gemeinsam zu spielen oder etwas zu unternehmen. Silke weiß, dass sie sich auf Marie verlassen kann und umgekehrt natürlich auch.
Mit Angi ist eine neues Mädchen in die Schulklasse gekommen. Angi hat es sofort geschafft, dass viele Mitschülerinnen gerne mit ihr befreundet wären. Sie wohnt in einem super großen Haus, hat ein eigenes Zimmer mit vielen modernen Medien wie Computer und Musikanlage. Jedes Mädchen ist froh, wenn es am Nachmittag mit Angi spielen darf. Heute hat Angi Silke gefragt, ob sie zu ihr käme. Sie hätte ein neues Spiel, die neuen Barbie-Modell-Kleider zum An- und Umziehen. Silke ist begeistert, dann aber fällt ihr ein, dass sie ja mit Marie verabredet ist. Die beiden wollen für Mutter eine kleine Überraschung zum Geburtstag kaufen. Silke wird unsicher und denkt nach:

- Vier Geschichten zur Freundschaft, erzähle diese nach.
- Jede Geschichte endet mit einem offenen Schluss. Worüber denken die Kinder jeweils nach?
- Schreibe zu jeder Geschichte einen passenden Schluss.
- Vergleicht das jeweilige Ende in der Klasse.
- Notiere an den Rand der eigenen Geschichte, wie sich hier die Freundschaft zeigt.

II. Freundschaft verbindet

- Trage diese Bemerkungen in das Freundschaftsband ein: Das gehört zu einer richtigen Freundschaft.

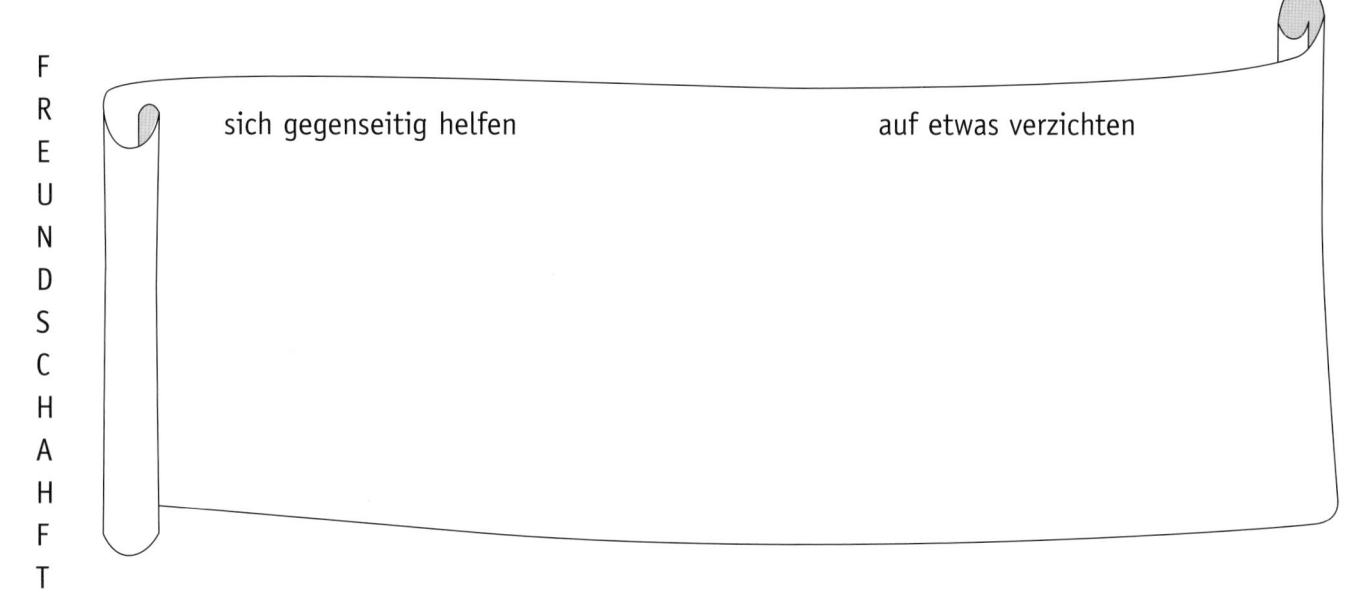

F
R
E
U
N
D
S
C
H
A
H
F
T

sich gegenseitig helfen   auf etwas verzichten

- Es gibt noch andere Merkmale, wie Freunde/Freundinnen sein sollen.
  Ergänze das Freundschaftsband durch eigene Ideen. Die folgenden Sätze helfen dir dabei:

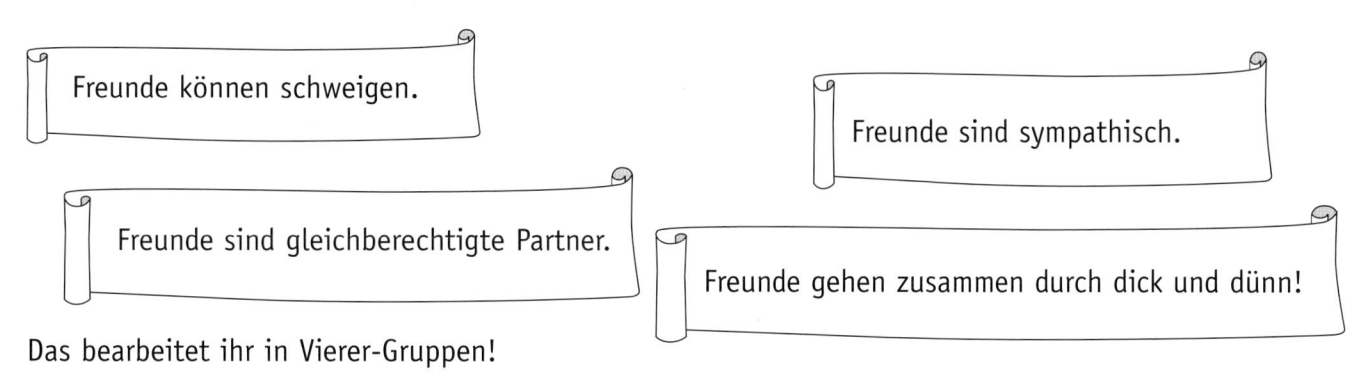

Freunde können schweigen.

Freunde sind sympathisch.

Freunde sind gleichberechtigte Partner.

Freunde gehen zusammen durch dick und dünn!

Das bearbeitet ihr in Vierer-Gruppen!

- Einigt euch auf 5 wichtige Voraussetzungen, wie Freunde sein sollen.
- Bestimmt nun die wichtigste Bedingung.
- Zeichnet zu dieser Bedingung eine Bild oder eine Szenenfolge.
- Schreibt zu dem Bild oder der Szenenfolge einen begleitenden Text.
- Bereitet mit Bild/Szenenfolge/Text ein DIN-A3-Blatt vor.
- Stellt gruppenweise euer Ergebnis der Klasse vor.
- Erstellt ein Gemeinschaftsplakat in Form eines Freundschaftsbandes: So soll Freundschaft sein!
- Heftet dazu eure Seiten aneinander.
- Hängt das Plakat in der Klasse auf.

II. Freundschaft verbindet

3. Symbole für Freundschaft

Wie lässt sich Freundschaft als Symbol ausdrücken?
Auf die Frage antworten viele Schülerinnen und Schüler:
Mit zwei ineinander geschlungenen Händen!

- Erkläre die Bedeutung dieser Hände.
- Was will man damit ausdrücken?

- Erfinde selbst symbolische Zeichnungen, in denen ausgedrückt wird, was zu einer Freundschaft gehört.

- Oft wird das Thema Freundschaft auch durch Redewendungen oder besondere Ausdrücke verdeutlicht: Zeichne und ergänze. Erkläre die Redewendung.

Freundschaft ist wie ein Puzzle – jedes
Teil muss genau zusammenpassen.

Freundschaft ist wie eine starke und
unüberwindliche Burg.

Freundschaft ....

Freundschaft ....

II. Freundschaft verbindet

4. Ein Freund muss nein sagen können

Liebes Tagebuch – heute ist Dienstag, der 5. Mai

Zusammen mit Okko machte ich auch heute die Hausaufgaben. Um 15 Uhr kam Mutter herein und fragte, ob ich meine kleine Schwester um 16:00 Uhr aus dem Kindergarten abholen könnte. Ich sagte sofort zu. Mutti wollte zum Friseur und das kann dauern. Okko und ich spielten bis kurz vor 16 Uhr „Schiffe versenken". Als ich mein Fahrrad vor der Haustüre holen wollte, war es verschwunden. Oh je, wie soll ich es jetzt bis 16 Uhr zum Kindergarten schaffen. Da hielt ein Auto neben mir und ein freundlicher Herr fragte, ob er mich ein Stück mitnehmen sollte. Er wollte mich zum Kindergarten fahren. Okko, der gerade nach Hause gehen wollte, hörte das Gespräch mit. „Du darfst nicht mit dem Fremden fahren", sagte er, „auch deine Mutter hat das streng verboten." Als der Mann Okko sah und seine Worte hörte, gab er Gas und raste davon. Ich bin dann zu Fuß zum Kindergarten gegangen und kam viel zu spät. Die Kindergärtnerin hatte Mutter bereits informiert und jetzt habe ich drei Tage Stubenarrest. Ich bin so sauer auf Okko. Hätte der nicht so blöde gesprochen, hätte der Mann mich mitgenommen und alles wäre okay, oder?

Ich weiß nicht, ob der ängstliche Okko noch mein Freund bleiben kann.
Gib du mir einen Rat!

- Was ist dem Jungen mit seinem Freund passiert?
- Hat Okko richtig gehandelt?
- Welchen Rat gibst du dem Jungen? Schreibe auf.

Lieber Junge ,

- Vergleicht eure Ratschläge in der Klasse.
- Findet ihr eine bestmögliche Antwort?

II. Freundschaft verbindet

Ein guter Freund oder eine gute Freundin zeichnet sich auch dadurch aus, dass er oder sie in bestimmten Situationen nein sagt.

- Wann würdest du als Freund oder Freundin NEIN sagen?
- Schau dir die Beispiele an, führe sie weiter und begründe deine Antwort.
- Suche selbst Situationen, in denen ein NEIN richtig ist.
- Schreibt dazu eine passende kleine Geschichte.
- Vergleicht eure Beispiele und Wertungen.

Henner hat es in der Klasse 4b nicht leicht. Man kann ihn immer so schön ärgern und Henner beginnt dann zu weinen. Heulsuse, so lautet sein Spitzname. Am Montag war mal wieder so ein Tag. Viele aus der Klasse begannen Henner zu hänseln: Na, warst du mit Mami gestern im Zoo?
Wie bist du aus dem Affenkäfig wieder rausgekommen? Was hat das Hängebauchschwein zu dir gesagt? Henner beginnt zu weinen.
Christoph will noch eines draufsetzen und zeigt ein Affenfoto: Hast du dein Ebenbild getroffen? Alles lacht – nur Eduard, Christophs Freund, nimmt diesen zur Seite und ....

Jasmin hat beobachtet, wie Tine im Schulbus ihren Turnbeutel vergessen hat. Sie kann Tine nicht leiden und freut sich heimlich, wenn sie daran denkt, welchen Ärger Tine in der Schule bekommen wird. Sie stößt ihre Freundin Conny an und zeigt auf den Turnbeutel und sagt: „Das geschieht der blöden Tine recht". Auch Conny weiß, wie sauer die Lehrerin reagiert, wenn man seine Schulsachen nicht dabei hat. Deshalb sagt sie zu Jasmin: ...

- In folgenden Situationen ist ein NEIN die richtige Antwort:

  – Ich sehe, wie mein Freund etwas stehlen will.

  –

  –

  –

Meine Geschichte für ein „Nein"

II. Freundschaft verbindet

5. Freundschaften können zerbrechen

Warum Niclas wohl so traurig ist?

Ein erholsamer Urlaubstag!

Es ist aus! Joschi kann nicht mehr mein Freund sein!

- Denke dir zu dem Bild eine Geschichte aus!
- Schreibe dazu Stichworte, sodass du die Geschichte erzählen kannst.
- Bildet einen Doppelkreis, sodass ihr euch anschaut. Erzähle deine Geschichte deinem Gegenüber, anschließend erfährst du seine Version.
- Die Schüler im Innenkreis rücken drei Plätze weiter und erzählen ihre Geschichte nochmals, ebenso ihr Gegenüber.
- Tragt zusammen, warum Joschi nicht mehr der Freund sein kann.
- Vergleicht mögliche Gründe.

Warum Niclas so sauer auf Joschi ist, verrät dir sein Tagebuch:

So einen Freund will ich nicht!   Montag, 10. August

Joschi, du hast mich so enttäuscht. Es hätte ein toller Tag werden können, aber du hast mich versetzt. Wir hatten ausgemacht, am Montag zusammen mit meinen Eltern Angeln zu gehen und Picknick zu machen. Ich habe mich so darauf gefreut mit dir den Nachmittag zu verbringen, weil du immer neue gute Ideen hast. Wir haben gewartet und gewartet, aber du kamst nicht. Bis es meinem Vater zu bunt wurde und er bei deiner Mutter anrief. Diese sagte, du wärst mit Tom und seinem großen Bruder zum Bundesligaspiel nach Duisburg gefahren. Ich saß also allein vor der Angel und habe nichts gefangen, während meine Eltern sich richtig gut erholten. Auch die Würstchen haben nicht geschmeckt. Ich war sogar froh, als wir wieder zu Hause waren. So, lieber Joschi, es ist aus. So etwas macht kein Freund.

Auf so einen Freund kann ich verzichten.

II. Freundschaft verbindet

- Warum ist Joschi so sauer auf seinen Freund?
- Ist der Ärger berechtigt?
- Was hältst du von dem Schluss: Auf so einen Freund kann ich verzichten?
- Wie hättest du reagiert?
- Vergleiche die Geschichte mit deiner erfundenen Geschichte.

Niclas schreibt in sein Tagebuch: Auf so einen Freund kann ich verzichten. In welchen Situationen würdest du auch so einen Satz formulieren?
- Trage die Gründe in das Feld unten ein!

Auf so einen Freund kann ich verzichten.	- er/sie hält sein/ihr gegebenes Versprechen nicht.

Als Joschi am nächsten Tag mit Niclas telefonieren will, nimmt dieser das Gespräch nicht an. Später treffen sie sich zufällig auf dem Spielplatz. Joschi versucht Niclas zu beschwichtigen. Sein Bruder hätte ihn eingeladen, er hätte noch nie ein Bundesliga-Fußballspiel live gesehen und so eine Chance komme nie wieder. Niclas sagt darauf nur: „Weißt du, ein Freund hätte anders reagiert. Ich mag dich als Freund einfach nicht mehr. Ich habe kein Vertrauen mehr in deine Versprechen."

- Hat Joschi deiner Meinung nach richtig gehandelt?
- Warum gibt er Joschi nicht noch eine Chance?
- Was würdest du als Joschi auf die Bemerkung von Niclas antworten?

Jede Freundschaft baut auf bestimmten Voraussetzungen auf. Sind diese stark gestört, kann eine Freundschaft zerbrechen.

Joschi und Niclas treffen sich natürlich noch öfter beim Spielen.
Welche Reaktionen findest du gut, welche schlecht? Begründe die Entscheidung und kreuze an.
Diskutiert in der Klasse über unterschiedliche Meinungen.

☐ Wenn Niclas Joschi sieht, dreht er sich um.
☐ Niclas meldet sich für eine Wanderung an, obwohl Joschi dabei ist.
☐ Joschi gibt Niclas auf Fragen keine Antworten.
☐ Joschi wählt Niclas nicht in seine Mannschaft.
☐ Niclas hilft Joschi, als dieser mit dem Rad gestürzt ist.
☐ Joschi erklärt Niclas eine Rechenaufgabe, die er nicht verstanden hat.
☐ Niclas verpetzt Joschi, als dieser verbotenerweise am Bahndamm gespielt hat.
☐ Niclas nimmt eine Einladung zum Geburtstag von Joschi an.
☐ Niclas erzählt nur noch Schlechtes von Joschi.

III. Leben in der Familie

1. Jeder erfüllt seine Aufgabe

In einer Familie haben nicht nur Vater und Mutter Aufgaben und Pflichten zu erledigen, sondern auch die Kinder.

- Setzt euch in einen Stuhlkreis und stellt in die Mitte ein kleines Podest. Werft euch vorsichtig einen Ball zu. Wer den Ball schnappt, darf sich auf das Podest stellen und den Mitschülern erklären, welche Aufgaben er in oder für die Familie erledigt.
- Notiert euch dabei die genannten Tätigkeiten in Stichworten auf ein Schmierblatt.
- Stellt anschließend in Partnerarbeit zusammen, welche Aufgaben Kinder eurer Klasse in der Familie übernehmen können, sollten oder müssen.
- Tragt diese in das Schaubild ein.

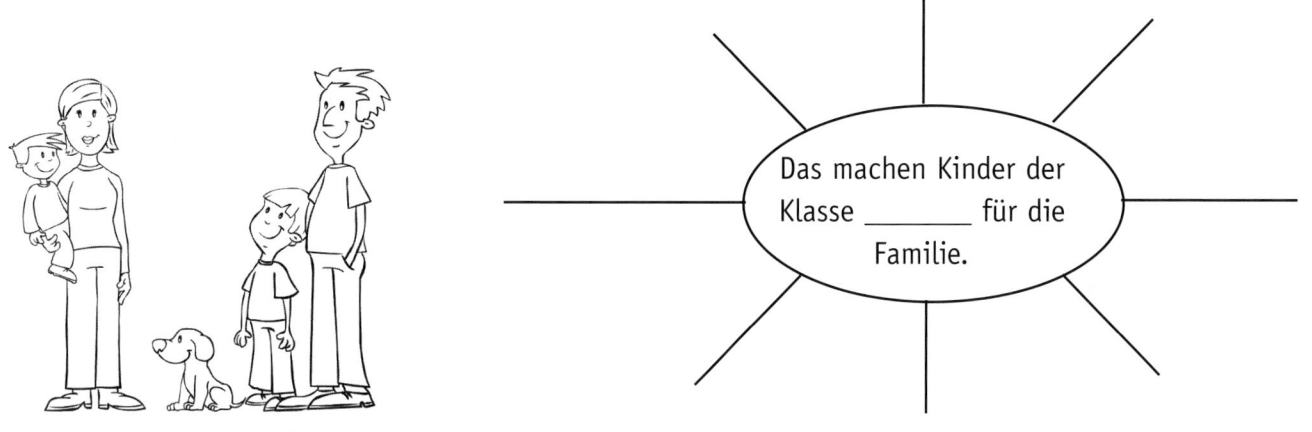

Das machen Kinder der Klasse _____ für die Familie.

- Besprecht in der Klasse eure Lösungen.

So   **oder**   **So**

Ein kurzer Blick in die Familie ...
Die Familie trifft sich in der Küche, Mutter hat zum Mittagessen gerufen.

Vater – Mutter – Paul – Clementine	Vater – Mutter – Chris – Pauline
Paul meckert, es sei keine Cola da. Vater geht in den Keller eine Flasche holen. Mutter gießt Pauls Glas voll. Clementine möchte mit einem Strohhalm trinken. Also besorgt Mutter einen Halm aus der Schublade. Inzwischen schöpft sich Paul den Teller so voll, dass es fast herunterfällt. Nach dem Essen springen die Kinder auf. Paul spielt weiter am PC. Clementine trifft mit Tina. Das Geschirr bleibt stehen. Das ist Mutters Arbeit. Vater versorgt den Hund ...	Vater sitzt am Tisch. Chris holt ihm ein Bier aus dem Keller. Mutter reicht ihm ein sauberes Salattellerchen und Pauline schiebt ihm das Fleisch zu. Vater bedient sich zuerst, danach der Rest. Nach dem Essen geht Vater mit der Zeitung ins Wohnzimmer. Mutter spült, Pauline trocknet ab. Chris geht mit dem Hund spazieren. Zuvor holt er Vater aber noch ein Bier. Anschließend putzt Mutter die Küche. Vater wird ungeduldig. „Wo bleibt ihr, wir wollen doch Auto fahren ..."

III. Leben in der Familie

- Erzählt die beiden Szenen, denkt euch zu den Handlungen entsprechend passende Bemerkungen aus.
- Spielt eine der beiden Szenen und notiert, was euch auffällt.
- Was ist in der jeweiligen Familie in Ordnung, was nicht?
- Diskutiert über verschiedene Ansichten.

Entwerft eine dritte Szene, in der das Mittagessen so abläuft, wie es eigentlich sein sollte. Ihr könnt die Szene zeichnen und mit Sprechblasen versehen.

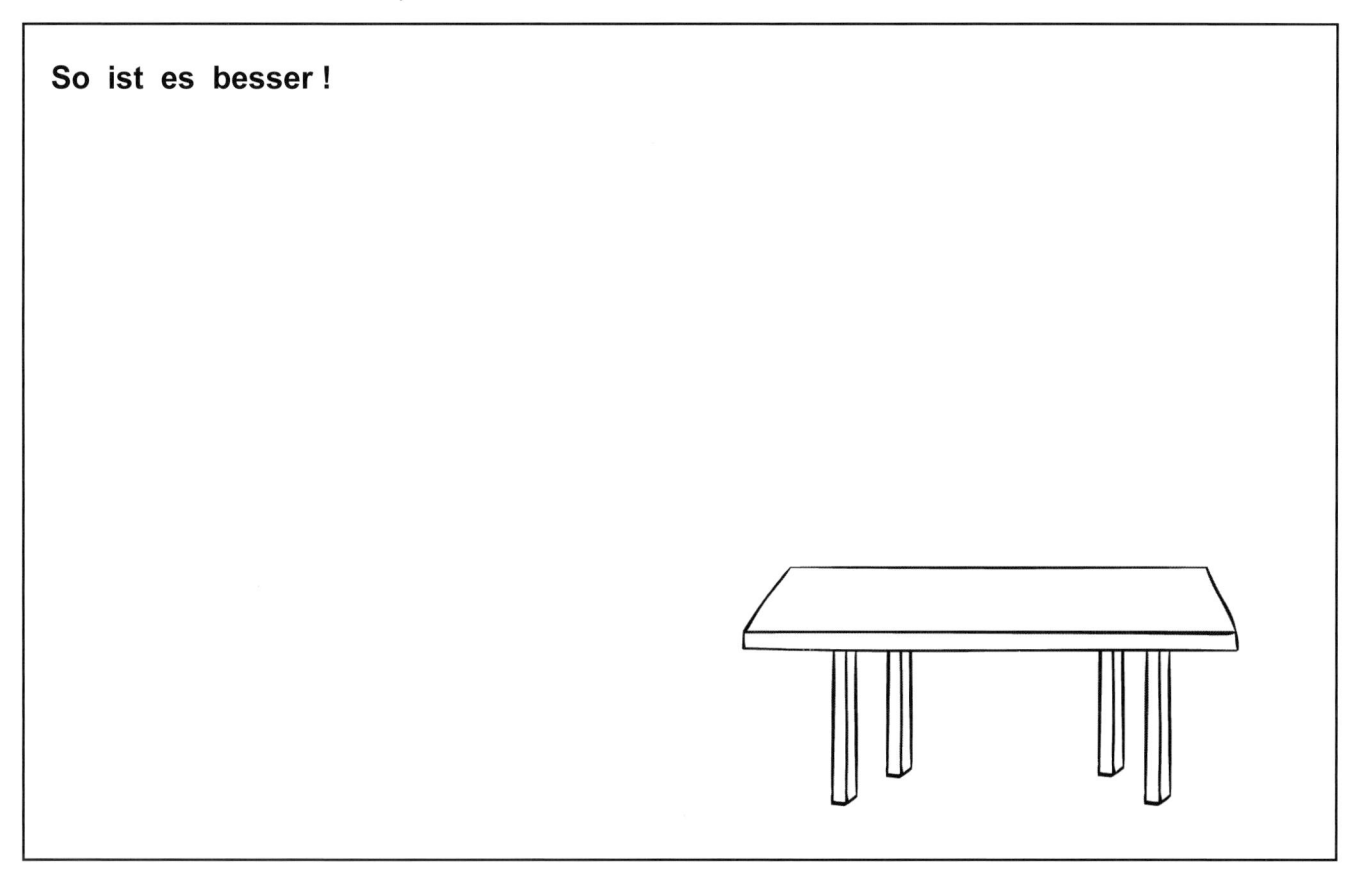

So ist es besser!

In jeder Familie gibt es viele kleine Bereiche, in denen jedes Familienmitglied seine Aufgaben zu erledigen hat.

- Fülle die folgende Tabelle aus

Bereich	Vater	Mutter	Sohn / Tochter
Gartenarbeit			
Hausreinigung			
Haustier			

III. Leben in der Familie

2. Ich lebe mit Geschwistern zusammen

Wir nehmen den Kleinen mit, dann dürfen wir zur Kirmes gehen

Alles dreht sich um Sabine. Am liebsten würde ich sie verkaufen.

Ein Superversteck! Da findet uns garantiert keiner.

Toll gemacht!

Nur weil mein Bruder so klein ist, darf ich nicht mit zum Klettern.

Hau ab! Du nervst!

Wir wollen an die See.

Ich aber in die Berge!

III. Leben in der Familie

- Betrachte die sechs Geschwisterbilder und suche dir das Bild aus, das dich am meisten anspricht.
- Schreibe zu dem Bild eine kleine Geschichte.
- Schüler, die das gleiche Bild gewählt haben, treffen sich in einer Kleingruppe. Jeder erzählt seine Geschichte weiter. Die Gruppe entscheidet über die interessanteste Geschichte.
- Aus jeder Gruppe wird eine Geschichte der Klasse vorgetragen.
- Sucht eine Überschrift zu jeder Szene. Tragt sie auf das Blatt ein.
- Berichtet über eigene Erfahrungen mit Geschwistern.

Tanja ist Einzelkind. Sie hätte gerne einen Bruder oder eine Schwester. Auf einem Wunschzettel schreibt sie auf, warum sie gerne ein Geschwisterchen hätte.

Darum wünsche ich mir eine Schwester:

Darum wäre ich lieber alleine:

Horst hat noch einen älteren Bruder und eine jüngere Schwester. Sie notiert, warum sie lieber ohne Geschwisterchen wäre.

- Füll den jeweiligen „Wunschzettel" aus.
- Sucht die wichtigsten Gründe für oder gegen Geschwister.
- Wie würdest du entscheiden, wenn du könntest?

Wenn du Geschwister hast, dann helfen einige Tipps für ein geordnetes Zusammenleben. Kreuze die richtigen Tipps an.

☐ Dem Kleineren immer zeigen, wer das Sagen hat.
☐ Wenn du einmal nachgibst, dann wird es immer so sein.
☐ Nach dem Spielen räumen wir gemeinsam auf.
☐ Wir teilen uns die Arbeit im Haushalt gerecht auf.
☐ Ich helfe, wenn der Andere Probleme hat.
☐ Der Ältere hat mehr Rechte.
☐ Bei ungelösten Fragen versuchen wir Kompromisse zu finden.
☐ „Dafür bin ich noch zu klein", zählt als Ausrede nicht.
☐ Zu zweit lässt sich manches viel leichter regeln.

- Begründe, warum du dich so entschieden hast.
- Suche selbst positive Aussagen zu Geschwistern.

III. Leben in der Familie

3. Familien sind ganz verschieden

Bei einer Befragung zum Thema „Wie viele Personen gehören zu deiner Familie?" antworteten die Schüler eines 3. Schuljahres so:

2 Personen
3 Personen
4 Personen
7 Personen

- Kannst du die verschiedenen Aussagen erklären?
- Wer gehört zu deiner Familie?

Die Familienbilder haben sich in den letzten hundert Jahren sehr stark verändert! Betrachte die folgenden Schilderungen:

Hallo, ich bin Josef und 10 Jahre alt. Ich habe noch vier Geschwister. In unserem Haus leben noch meine Großeltern und Tante Gerti. Natürlich auch Papa und Mama. Wir sind alle sehr angespannt. Neben der Schule muss ich viel auf dem Feld helfen. Oft kümmert sich Oma um die Kleinen, wenn Mama im Stall zu tun hat. Opa ist eigentlich noch die wichtigste Person. Was er sagt, wird meistens befolgt.

Hallo, ich bin Cindy und 9 Jahre alt. Ich lebe mit meinem Papa in einer kleinen Wohnung. In der Schule bleibe ich bis 16:00 Uhr, dann gehe ich heim. Um 17:00 Uhr kommt Papa und macht das Abendessen. Ich muss schon einiges im Haushalt helfen. Am Wochenende gehen wir oft schwimmen.

Hallo, ich bin Corinna und 10 Jahre alt. Neben Papa und Mama habe ich noch einen kleinen Bruder namens Fin. Wir wohnen in einem kleinen Haus mit Garten. Mama arbeitet vormittags und ist zu Hause, wenn wir aus der Schule kommen. Papa kommt am späten Nachmittag. Nach den Hausaufgaben gehe ich oft auf den Spielplatz. Mama beschäftigt sich dann mit Fin. Am Sonntag ist Papa immer auf dem Fußballplatz. Das finde ich blöd.

Hallo, ich bin Kevin und 9 Jahre alt. Ich habe noch einen älteren Bruder und zwei Stiefschwestern. Meine Mutter sehe ich kaum, dafür aber Papas neue Frau. Die lebt auch mit uns im Haus. Ihre beiden Mädchen, die mit eingezogen sind, nerven manchmal ziemlich. Papa und meine Ersatzmutter bekommen jetzt noch ein Baby. Hoffentlich wird es ein Junge, dann sind wir wieder in der Überzahl.
Am Wochenende fahren meine Stiefschwestern für zwei Tage zu ihrem richtigen Papa. Hoffentlich unternehmen wir dann etwas.

III. Leben in der Familie

- Notiere zu jedem Familienbild die Mitglieder.

Josef und Familie	Cindy und Familie	Corinna und Familie	Kevin und Familie
Josef	Cindy	Corinna	Kevin

- Wie könnte man eine solche Familie nennen? Trage die folgenden vier Begriffe passend in die untersten Zeilen der Tabelle oben ein:

Einelternfamilie   Großfamilie   Patchworkfamilie   Kleinfamilie

- Überlege, was in einer solchen Familie gut, was vielleicht schlecht ist.
  Suche so für die Familientypen Vor- und Nachteile.
  Die Familienbilder von der Seite zuvor geben dir dazu erste Hinweise.

Familientyp	Vorteile	Nachteile
Großfamilie		
Kleinfamilie		
Einelternfamilie		
Patchworkfamilie		

III. Leben in der Familie

- Ordne auch die folgenden Aussagen einem Familientyp zu und begründe, ob sie eher Vorteile oder Nachteile erwähnen.
- Schreibe sie anschließend in die Tabelle.

> *Es ist eigentlich immer jemand da, den man fragen kann.*
> *Ich habe keinen, mit dem ich zu Hause spielen kann.*
> *Gemeinsam geht vieles schneller und leichter.*
> *Man kann nichts tun, ohne dass man beobachtet wird.*
> *Immer muss ich auf andere Rücksicht nehmen.*
> *Wir halten zusammen, damit es keinem schlecht geht.*
> *Meine Eltern haben zu wenig Zeit für mich, immer sind sie am Arbeiten.*

Jede Familiengemeinschaft bietet Vor- und Nachteile. Wie gut oder wie schlecht eine Familie funktioniert, hängt nicht von der Anzahl, sondern von dem Zusammenleben der Mitglieder ab.

Aussagen zum Familienleben

Bei einer Befragung gaben Kinder die folgenden Antworten:

> *Ich muss mir selbst Frühstück machen, meine Mutter schläft dann noch.*
> *Vater sitzt nur vor dem Fernseher und lässt sich bedienen.*
> *Nach der Arbeit hat keiner für meine Probleme Zeit.*
> *Fast jeden Sonntag unternehmen wir etwas gemeinsam.*
> *Meine Eltern streiten um jede Kleinigkeit.*
> *Am Abend essen wir gemeinsam und erzählen unsere Erlebnisse.*
> *Jeder hat seine Aufgaben im Haushalt zu erledigen.*
> *Wenn die Eltern ausgehen, beauftragen sie einen Babysitter.*
> *Immer muss ich auf meine kleine Schwester aufpassen.*
> *Ich mag den Sonntag nicht, den langweiligsten Tag der Woche.*

- Bewerte die Antworten der Kinder. Was findest du gut, was eher schlecht?
- Was gefällt dir an <u>deinem</u> Familienleben besonders gut?
- Was ärgert dich beim Zusammenleben in der Familie am meisten?
- Schreibe oder zeichne: So wäre das Zusammenleben in meiner Familie toll!

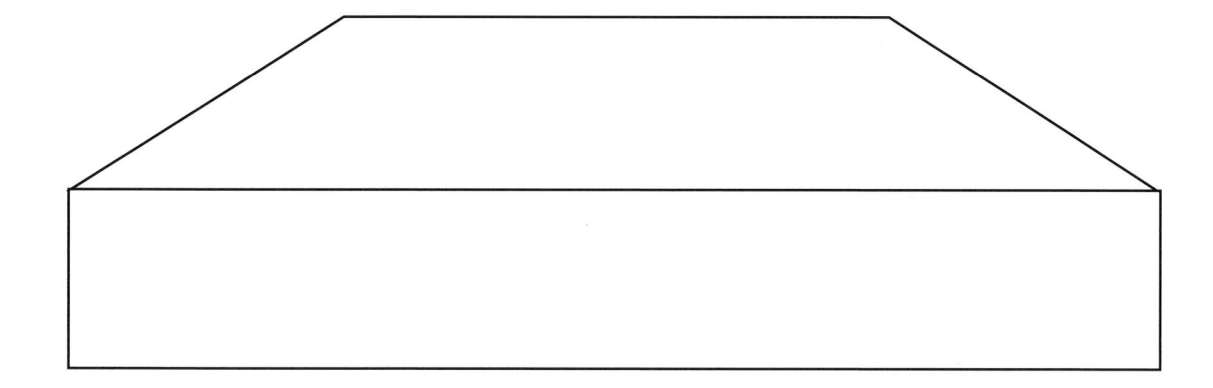

III. Leben in der Familie

4. Konflikte in der Familie

Die folgende Zeichnung stellt eine typische Familiensituation dar, wie sie sicher jeder von euch schon miterlebt hat. Versetze dich in die Situaton und fülle die Sprech- und Gedankenblasen aus.

- Erkläre deine Situation dem Nachbarn und umgekehrt.
- Gib dem Bild nachträglich eine Überschrift und schreibe diese auf eine Karte.
- Heftet die Karten an eine Pinwand und vergleicht eure Überschriften.
- Findet ihr einen gemeinsamen Titel?

Auch so könnte die Situation erklärt werden:

Mutter ist sauer. Beim Vorbereiten des Mittagessens haben sich Tom und Jenni wie so oft gestritten. Es ging um die Frage, wer aus dem Keller frische Kartoffeln holen soll. Jenni meckerte: „Ich war erst gestern." Tom konterte: „Dafür habe ich den Müll in die Tonne gebracht" Dann liefen beide um den Küchentisch herum und schrien: „Du bist dran!" „Nein, du!" „Nein, ich nicht!" „Ich aber auch nicht." Dabei stieß einer der beiden gegen die neue teure Blumenvase. Diese fiel zu Boden und zerbrach.

Mutter: (Zornig) Wer von euch war das?
          Keine Antwort!

Mutter: ......

- Schreibt in Partnerarbeit auf, wie der Konflikt weitergehen könnte.
- Überlegt genau, was die Kinder sagen und was die Mutter fragt.
- Spielt die Szene in der Klasse.
- Könnt ihr über einen ähnlichen Konflikt berichten?

III. Leben in der Familie

Es gibt unzählige Gründe, die zu einem Konflikt in der Familie führen können.
- Schreibt Fragen auf, die zu einem solchen Konflikt führen können.

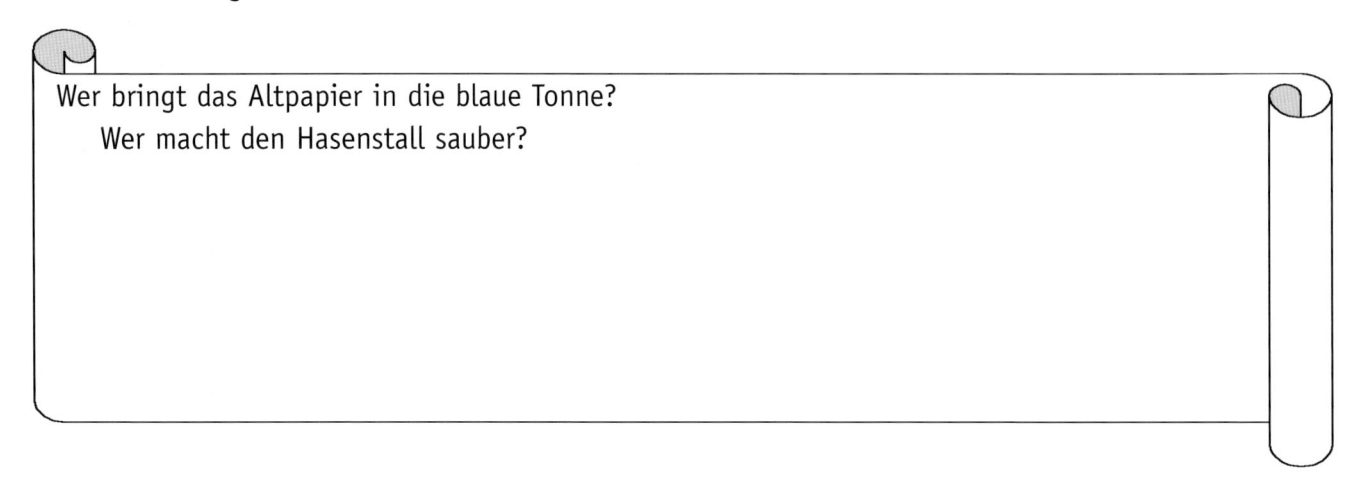

> Wer bringt das Altpapier in die blaue Tonne?
> Wer macht den Hasenstall sauber?

Zeichnet Symbole für eure Fragen oder mögliche Konflikte.

- Sucht euch eine Frage bzw. ein Symbol aus und schreibt dazu eine bebilderte Streitgeschichte. Ihr sollt zu zweit arbeiten. Teilt euch die Arbeit sinnvoll ein.
- Trefft euch mit dem Nachbarpaar. Tragt eure Geschichten vor und entscheidet euch für einen der beiden Vorschläge.
- Gestaltet zusammen in der Gruppe zu dieser Geschichte ein Plakat mit der Überschrift: „Streit um ...".
- Hängt die Plakate in der Klasse auf und betrachtet sie mit der Gruppe bei einem Klassenrundgang. Ihr könnt euch dabei Notizen machen.
- Lost aus, welche Gruppe welches Plakat erhält und schreibt dazu eine Möglichkeit, wie der Streit beendet werden kann.
- Tragt eure Lösungen in der Klasse vor.
- Füllt abschließend das folgende Kästchen aus:

> Das ist wichtig, um einen Streit zu beenden:

III. Leben in der Familie

5. Auch alte Menschen sind ein Teil der Familie

Schreibe auf, welche Gedanken dir bei diesem Bild durch den Kopf gehen.

Ich denke,
_____
_____

Seniorenwohnheim
- Sonnenschein -

Eine Geschichte zum Nachdenken

Cindy Ax lebt mit ihren Eltern Horst und Nicole seit fast einem Jahr in einem kleinen Reihenhaus in der neuen Siedlung. In der alten Wohnung hatte Oma Hedwig noch bei ihnen ein großes Balkonzimmer bewohnt und war wie eine Ersatzmutter immer für Cindy da. Dann hatten die Eltern das kleine Reihenhaus gekauft und für Oma Hedwig war kein Zimmer mehr frei, höchstens unter dem Dach mit einer schmalen Wendeltreppe. Also zog Oma in eine neue Wohnung in das Seniorenheim „Sonnenschein", in ein Wohn-, Schlaf- und Küchenzimmer mit eigenem Bad.

Cindy freute sich auf das neue schöne Haus mit einem kleinen eigenen Garten und Spielwiese, zumal sie glaubte, dass auch die Oma gut untergebracht war.

Am Umzugstag sah Cindy zum ersten Mal Omas neues Zuhause. Sie erschrak heftig, als sie all die alten Leute sah, die im Park des Seniorenheimes saßen, Karten spielten oder sich langsam fortbewegten, teilweise mit Gehhilfen und Stützstöcken. „Was soll Oma denn bei den alten Leuten? Sie ist doch viel zu jung dafür", sagte Cindy. „Aber Kind, Oma kann nicht mehr bei uns wohnen", entgegnete Mutter, „das haben wir doch so besprochen. Und denk an den Garten und die Wiese. Da stellen wir im Sommer ein Planschbecken auf." Cindy bohrte nach: „Aber Oma kann doch viel besser mit mir spazieren gehen, auf den Spielplatz mitkommen, mir Essen machen oder bei den Hausaufgaben helfen." Mutter wurde etwas heftiger: „Aber Kind, das ist doch alles geregelt. Du gehst in die Ganztagsschule. Dort bekommst du Mittagessen, machst deine Hausaufgaben und lernst neue Freundinnen kennen." „Ich will aber keine Ganztagsschule, ich will, dass Oma wieder bei uns lebt", entgegnete Cindy motzig. Oma hatte bis jetzt nichts gesagt. Froh sah sie nicht aus, aber sie zog Cindy zu sich auf eine Bank und nahm sie in den Arm. „Deine Eltern haben Recht, mir geht es hier bestimmt sehr gut. Wenn ich krank werde, kann sofort ein Arzt nach mir schauen. Ich komme euch so oft besuchen, wie es geht oder ihr besucht mich." Mit Tränen in den Augen verließ Cindy später das Wohnheim und sagte auf der ganzen Heimfahrt nichts mehr. Sie war einfach nur traurig.

Man merkte, dass auch die Eltern nachdenklich geworden waren.

III. Leben in der Familie

- Erzähle die Geschichte mit deinen Worten nach.
- Warum ist Cindy so traurig?
- Was meint Oma zu dem Problem?
- Sind die Eltern herzlos gegenüber alten Menschen? Schließlich ist Oma Hedwig die Mutter von Cindys Vater.
- Welche Vorteile kann ein Seniorenheim für alte Menschen haben?
- Welche Nachteile muss die Oma in Kauf nehmen?
- Früher lebten oft Kinder, Eltern und Großeltern in einem Haus. Warum geht das heute nicht mehr so einfach?
- Manchmal sagen alte Menschen: „Ich bin in ein Altenheim abgeschoben worden." Was meinen sie damit?
- Welchen Kontakt hast du zu deinen Großeltern?

Nach einem Jahr schreibt Cindy in ihr Tagebuch:

> Jetzt sind alle froh, Oma, meine Eltern und ich – juchu!!!

Wie wird das Leben in der Familie Ax wohl ablaufen, sodass die Überschrift zum Text stimmt? Denke dir eine Möglichkeit aus und schreibe dazu den passenden Tagebucheintrag.

- Beschreibe das Bild.
- Was bedeutet die Aussage des Kindes?
- Warum sind alte Menschen für die Familie wichtig?
- Schreibe die Gründe auf.

„Ich bin so froh, dass ich dich habe, Oma!"

IV. Streiten und Versöhnen

1. Warum streiten Kinder?

> Das hast du jetzt davon. Das schadet dir Angeber gar nichts!

> Autsch, Beinchenstellen ist gemein. Na warte, gleich ....

- Erfinde zu der Szene eine kleine Streitgeschichte.
- Vergleiche deine Geschichte mit der deines Nachbarn.
- Erzählt euch in einer Vierer-Gruppe die Geschichten. Einigt euch auf die „beste".
- Erzählt diese Geschichte der Klasse.
- Erstellt gemeinsam ein Ursachenplakat: Warum streiten Kinder?

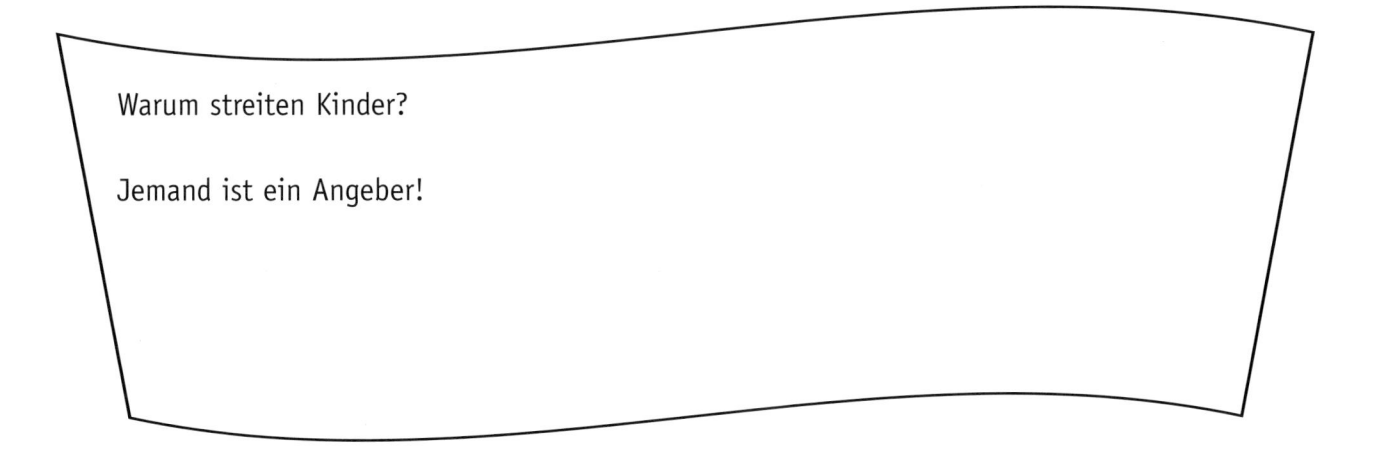

Warum streiten Kinder?

Jemand ist ein Angeber!

- Ergänzt die Ursachen, die zum Streit unter Kindern führen können. Tragt sie in das Plakat ein.
- Aus welchem Grund hast du schon einmal Streit gehabt? Berichte darüber.

IV. Streiten und Versöhnen

2. Wie fühlen sich Kinder beim Streit?

Habe ich gut gemacht.

Mein Kopf schmerzt.

Lass mich in Ruhe!

Ich fühle mich toll, dem habe ich es aber gegeben.

Ich habe Angst, hoffentlich passiert mir nichts.

Ich bin sauer, der hat mich beleidigt.

- Ordne die Ausdrücke den Bildern zu.
- Was könnte bei dem jeweiligen Bild passiert sein? Erzähle.
- Wie fühlt sich das Kind?

Bild 1: _____

_____

Bild 2: _____

_____

Bild 3: _____

_____

- Erzähle die Geschichte mit deinen Worten nach.

IV. Streiten und Versöhnen

Tine hat Streit mit ihrer Freundin Carmen. Carmen will immer bestimmen, was gerade unternommen wird. Tine hat sich oft darüber geärgert. Immer wieder hat sie nachgegeben. Als Carmen unbedingt ins Schwimmbad wollte, obwohl es Tine viel zu kalt war, ist dieser der Kragen geplatzt. Innerlich war sie am Zittern, aber sie nahm allen Mut zusammen und sagte: „Du bist keine gute Freundin, denn du nimmst nie auf das Rücksicht, was andere gerne möchten. Ich gehe heute nicht schwimmen, egal, was du auch sagst. Damit ließ Tine Carmen stehen und fühlte sich plötzlich total erleichtert und war stolz auf sich.

Jule dreht ihrer Klassenkameradin Christine den Rücken zu. Die Arme hat sie vor ihrer Brust verschränkt. Sie ist sauer und beleidigt. Christine durfte sich jemanden aus der Klasse wählen, der mit ihr zusammen den Blumendienst übernimmt. Jule war klar, dass sie es sein wird, denn Jule wurde schon oft für solche Aufgaben gewählt. Christine aber sagte: „Ich möchte, dass Eva mir hilft." Ausgerechnet Eva, die so keiner richtig leiden kann. „Du blöde Kuh", murmelte Jule, „wenn du das wieder gut machen willst, dann entschuldige dich bei mir" und drehte Christine den Rücken zu.

Verängstigt schaut der kleine Kevin auf die flüsternden Jungen. Gleich werden sie wieder über ihn herziehen und schlimme Sachen sagen. Kevin fühlt sich hilflos, er hat wieder einmal Kopfschmerzen und Bauchdrücken. Das ist öfter so, wenn er auf dem Spielplatz die Jungen aus der Nachbarschaft sieht. Sie sagen, dass Kevin ein Verräter ist, machen ihm Angst und drohen ihm Schläge an. Dabei hat Kevin nur seiner Mutter erzählt, dass die Jungen die Schaukel kaputt gemacht haben, als Kevin dafür beschuldigt wurde. Seither haben die Jungen Streit mit Kevin.

- Tine, Jule und Kevin, drei Kinder, die im Moment Streit haben. Unterstreiche im Text die Gründe für den Streit.
- Trage in die Tabelle ein, wie sie sich bei dem Streit fühlen.

So fühlt sich Tine:	So fühlt sich Jule:	So fühlt sich Kevin:

- Ergänze andere Empfindungen, die Kinder beim Streit haben können.

In Streitsituationen fühle ich mich oft schlecht:

- Wie zeigen sich diese Gefühle bei den Betroffenen?
- Warum fühlen sich die meisten Kinder bei einem Streit schlecht?

IV. Streiten und Versöhnen

3. Richtig Streiten ist wichtig

Angi sitzt auf der Bettkante ihres Bettes und weint. Sie hat in der Schule Streit gehabt. Beim Malunericht war das Wasserdöschen umgefallen und der vorlaute Horst hatte sofort sie beschuldigt, obwohl sie nichts damit zu tun hatte. Sie hatte sich aber nicht getraut zu widersprechen, sondern war still. Jetzt ärgert sich Angi über sich selbst und wünscht sich, dass ..	Andy geht mit seinem Hund spazieren. Er ist ärgerlich über sich und sagt zu Jenna: „Hör mal zu, Jenna, was soll ich machen? Wenn mir einer etwas Blödes sagt, dann haue ich ihm eine runter, so wie heute bei Joe, der zu mir Blödmann gesagt hat. Ich wünschte, ..."

- Erzähle oder spiele die beiden Situationen.
- Welches Problem hat Angi, welches Andy?
- Was wünscht sich Angi wohl?
- Welche Wünsche hat Andy?

Beide Kinder, Angi und Andy, können nicht richtig streiten. Angi traut sich nicht und Andy schlägt sofort. Beides sind keine besonders erfolgreichen Verhaltensweisen.

So ist Angi, aber auch Andy beim Vertrauenslehrer ihrer Schule. Sie erzählen von ihrem Problem. Der Vertrauenslehrer denkt nach und versucht Ratschläge zu geben:

Angi, du müsstest ...

Andy, du könntest ...

- Kannst du den beiden Kindern Tipps geben? Trage diese in das Kästchen ein.
- Lies anschließend die folgenden Tipps zum richtigen Streiten.
- Welche der Tipps passen zu Andy, welche zu Angi? Schreibe den passenden Namen dahinter

auf falsche Aussagen oder Beleidigungen nicht heftig reagieren;
den Sprechenden nicht unterbrechen;
sachlich seine Meinung sagen;
keine Schimpfwörter einbauen, auch keine abwertenden Bemerkungen;
das Gegenüber anschauen;
auf das Vorhergesagte eingehen;
nicht unnötig laut werden oder brüllen;
nicht mit Schlägen drohen;
sich einen „Wutzettel" bereithalten;
den Raum verlassen, ich muss mich zuerst wieder beruhigen,...

- Schreibt die Anfangsgeschichte so um, dass Angi und Andy jeweils ein positives Streitgespräch haben.
- Spielt die Ursprungsgeschichte und eure umgeschriebene Anfangsgeschichte.

IV. Streiten und Versöhnen

4. Warum ist Versöhnen so schwer?

Lies dir in Ruhe die folgenden Tagebucheinträge von Anna durch:

Sonntag, 5. 10.
Bärbel und ich haben Streit, na und? Muss Bärbel mich denn auch verpfeifen?
Nein, das war überflüssig. Kein Mensch hätte etwas gemerkt. Sonja hat doch mindestens drei solch toller Stifte. Die bekommt ja alles, was sie will. Und dann sagt die blöde Bärbel: „Anna, dein neuer Stift sieht aus wie der von Sonja." Sonja schaut im Mäppchen nach und hat´s gemerkt. Mit Bärbel rede ich nicht mehr, geschweige denn spiele ich mit ihr. Sie war bestimmt nur eifersüchtig, weil sie es sich nicht traut.

Dienstag, 7.10
Wenn ich die Bärbel sehe, wird mir richtig schlecht. Schaut sie mich an, blicke ich extra in die andere Richtung. Das hat sie nun davon, diese blöde Kuh.

Mittwoch, 8.10
Heute beim Schulsport habe ich Bärbel eins ausgewischt. Sie ist sonst immer ein sicherer Werfer im Handball. Ich habe sie zweimal gerempelt, sodass sie daneben geworfen hat. Wir haben zwar verloren, aber was soll´s?
Bärbel hat mich so komisch angesehen, als ob ich was falsch machen würde.

Freitag, 10.10.
Bärbel hat mich heute an der Turnhalle angesprochen. „Es tut mir leid, dass ich dich verraten habe, aber was du getan hast, war nicht richtig. Können wir uns wieder vertragen?"
Ich habe sie stehen lassen und nur „pah" gesagt.

Samstag, 11.10.
Heute war ein blöder Tag, nur Regen und nichts als Regen. Ich saß in meinem Zimmer und langweilte mich. Sonst habe ich an so einem Tag Bärbel besucht oder sie mich. Eigentlich habe ich auf ihren Anruf gewartet. Aber nichts passierte. Je länger ich nachdenke, desto mehr glaube ich, dass ich morgen früh sofort Bärbel anrufe und mich mit ihr ausspreche.

Sonntag, 12.10
Es hat geklappt - Versöhnung auf der ganzen Linie -
War ich dooooof!

- Was hat Anna in dieser Woche erlebt? Berichte darüber.
- Hat sich Anna gut verhalten?
- Bewerte die einzelnen Tage.

IV. Streiten und Versöhnen

- Wie findest du Bärbel?
- Warum ruft Anna schließlich Bärbel an?
- Erkläre ihren letzten Tagebucheintrag: War ich doof.
- Was bedeutet der Ausspruch: Versöhnung auf der ganzen Linie?

Oft haben Menschen, nicht nur Kinder, große Probleme sich nach einem Streit oder Konflikt wieder zu versöhnen. Lies dazu die folgenden Ausschnitte:

Mein Bruder hat mir Geld geklaut.
Als ich (Uwe) gestern aus meinem Geheimversteck Geld holen wollte, waren 25,00 € verschwunden. Das kann nur Georg, mein größerer Bruder, gewesen sein. Er hat es auch zugegeben und mich angefleht, ich soll ihn nicht verraten. Er will mir monatlich 5,00 € zurückzahlen. Ich bin traurig, denn nun kann ich mir das neue Spiel nicht kaufen, für das ich so gespart habe.

Oma fühlt sich abgeschoben.
Gestern hat mit Oma endlich erzählt, warum sie mit meinen Eltern kein Wort mehr spricht. Sie hat meinen Eltern ihr Haus überschrieben und musste vor einigen Monaten ins Altersheim umziehen, weil Vater eine Eigentumswohnung im Haus vermietet hat. Nur mich will Oma aus der Familie noch sehen.

Vater wurde betrogen.
In das Haus neben uns sind Menschen aus Polen eingezogen. Vater ist auf diese sauer und spricht kein Wort mit ihnen. Als sie vorige Woche an der Türe klingelten, um sich vorzustellen, sagte Vater nur „Haut ab, ihr Pack!", nachdem er erfahren hatte, dass sie aus Polen kommen. Vater erklärte mir, dass alle Polen Betrüger seien und er mit keinem von denen Kontakt und etwas zu tun haben möchte. Schließlich waren es Polen, die ihm für teures Geld am Haus die Einfahrt neu pflastern wollten und mit der Anzahlung spurlos verschwunden sind.

- Erzähle die drei Ausschnitte mit deinen Worten nach.
- Warum sind Uwe, Oma und Vater jeweils so sauer?
- Ist es richtig, wie sie sich verhalten?
- Wie könnten die Geschichten weitergehen? Mache verschiedene Vorschläge.
- Warum wollen sich Uwe, Oma und Vater nicht versöhnen?
- Können sie damit das Problem lösen?

Stellt jetzt Situationen zusammen, in denen es Menschen schwer fällt, sich mit dem anderen zu versöhnen. Schreibe auch dazu, warum das für sie so schwer ist.

Vater wurde betrogen – er ärgert sich über das verlorene Geld und will es wiederhaben.

IV. Streiten und Versöhnen

5. Ohne Versöhnung gibt es keinen Frieden

Sven Klein kommt gut gelaunt vom Spielen nach Hause. „Hallo Mutti, ich habe einen neuen Freund. Berni heißt er. Wir haben ganz toll zusammen gespielt und sind durch den Wald gestrolcht. Für morgen haben wir uns wieder verabredet. Darf ich Berni zu mir einladen, dann könnte ich mit ihm mit der neuen Lego-Ritterburg spielen?" „Nun mal langsam, Junge", entgegnet die Mutter, „wer ist denn dieser Berni überhaupt?" „Er heißt Berni Weber und wohnt am anderen Ende des Ortes in der Michelsgasse". „Berni Weber?", die Mutter ist entsetzt, „nein, ich verbiete dir mit dem zu spielen. Die Webers sind doch asozial und mit denen hatte schon dein Urgroßvater ständig Ärger und Streit."	Berni Weber kommt gut gelaunt vom Spielen nach Hause. „Hallo Mutti, ich habe einen neuen Freund. Sven heißt er. Wir haben ganz toll zusammen gespielt und sind durch den Wald gestrolcht. Für morgen haben wir uns wieder verabredet. Darf ich Sven zu mir einladen, dann könnte ich mit ihm mit dem neuen Playmobil-Piratenschiff spielen?" „Nun mal langsam, Junge", entgegnet die Mutter, „wer ist denn dieser Sven überhaupt?" „Er heißt Sven Klein und wohnt in der Langgasse neben der Kirche". „Sven Klein?", die Mutter ist entsetzt, „nein, ich verbiete dir mit dem zu spielen. Die Kleins sind doch asozial und mit denen hatte dein Urgroßvater schon ständig Ärger und Streit."

- Spielt die Geschichte nach. Was stellt ihr fest?
- Warum verbieten die Mütter den Kontakt?
- Verstehst du das Verbot?
- Suche mögliche Gründe für das Verbot. Was könnte passiert sein? Notiere auf einem Stichwortzettel.
- Vergleiche deine Ideen mit denen deines Nachbarn.

Urgroßvater Josef Klein war auf den reichen Bauern Weber neidisch. Er verbot ihm, sein Feld neben dem Haus mit dem Pferdewagen zu befahren, um auf die große Wiese zu gelangen.	Urgroßvater Erich Weber fuhr extra mit dem Jauchefass über das Feld und düngte es mit Jauche. Es stank mehrere Tage furchtbar im Haus der Kleins.

Familie Klein und Familie Weber lebten im Streit. Ihre Kinder spielten nicht miteinander. Sie durften es nicht.

Opa Klein hatte das erste Auto im Ort. Er war stolz und kutschierte jeden, wohin er wollte. Nur die Webers fuhr er nicht, selbst als Frau Weber schwer erkrankt unbedingt zum Arzt musste, sagte er „Nein".	Opa Weber hatte den ersten Fernseher im Ort. Jeder durfte bestimmte Sendungen bei ihm schauen, nur die Kleins wurden nicht ins Haus gelassen. Selbst bei der Weltmeisterschaft hörte Herr Klein ein „Nein".

Familie Klein und Familie Weber lebten weiter im Streit. Ihre Kinder schauten sich nicht an und gingen sich aus dem Weg, so wie die Eltern es sagten.

IV. Streiten und Versöhnen

Vater Klein wollte einen Bauplatz von der Gemeinde kaufen. Da Herr Weber im Gemeinderat das Sagen hatte, bekam ein anderer Bewerber den Bauplatz. Vater Klein war sauer.	Vater Weber wollte im Schützenverein in den Vorstand eintreten. Da Herr Klein dort Vorsitzender war, wurde das Bemühen von Herrn Weber abgeschmettert. Herr Weber war verärgert.

- Erläutere die Streitgeschichte der beiden Familien.
- Wer hat Schuld an dem Konflikt?
- Warum gibt es keine Versöhnung?
- Wie findest du das Verhalten der Familien?
- Vergleiche die Gründe mit deinen Notizen. Spreche mit deinem Nachbarn darüber.

Familie Klein und Familie Weber lebten weiter im Streit. Ihre Kinder hatten sich bis zu diesem Morgen noch nie getroffen.

Sven Klein denkt:

Berni ist nett.

Mit ihm kann ich gut spielen.

Ich will sein Freund werden.

Ich mag ihn.

Berni Weber denkt:

Sven ist nett.

Mit ihm kann ich gut spielen.

Ich will sein Freund werden.

Ich mag ihn.

Am nächsten Tag treffen sich Sven und Berni wie verabredet. Beide wissen genau, was ihre Eltern gesagt haben und was vorgefallen war. Was passiert?

Das?

- Ich darf nicht mit dir spielen.
- Ihr seid eine asoziale Familie.
- Ihr seid schuld, dass wir uns nicht verstehen.
- Musste dein Opa ...
- So eine Familie passt nicht zu uns.

Oder das?

IV. Streiten und Versöhnen

- Bewerte die erste Lösung.
- Was folgt aus dem Verhalten?
- Schreibe in den Kasten eine zweite Lösung.
- Erkläre, für welche du dich entschieden hättest.

So könnte es auch weitergehen:

Sven sagte zu Berni. „Wir haben doch keinen Streit, unsere Eltern sollen sich nicht so anstellen."
Berni entgegnet: „Du hast Recht, Sven, komm einfach mit zu mir, dann sieht meine Mutter, dass du okay bist."

Beim nächsten Dorffest sieht man Familie Klein und Familie Weber zusammen an einem runden Tisch sitzen. Sie lachen, trinken und essen zusammen, so als wäre nie etwas gewesen.
Sven und Berni sind die besten Freunde.

Die beiden Familien haben sich ausgesprochen und versöhnt. Welche Worte könnten dabei gefallen sein? Kreuze an und erkläre.

- ☐ Ich habe eigentlich nie darüber nachgedacht.
- ☐ Weil es immer so war, wollte ich nichts ändern.
- ☐ Hätte der Sturkopf damals Entschuldigung gesagt, dann...
- ☐ Das Leben ist doch so viel schöner geworden.
- ☐ Ihr könnt uns bei dem Vorhaben gut unterstützen.
- ☐ Gemeinsam schaffen wir es sicher.
- ☐ Gut, dass es unsere Jungs gibt.

Das Beispiel der Familien Klein und Weber zeigt uns, dass eine Versöhnung sehr wichtig ist. Schreibe auf, warum „sich versöhnen" gut ist.

Versöhnen ist gut, weil: Zeichne dazu ein Symbol!

Nur, wenn Menschen sich aussprechen, sich verzeihen und sich versöhnen, können wir in Frieden leben. Dies gilt für die Familie, den Freundeskreis, die Schule, die Arbeitsstelle, aber auch für die Politik und alle Menschen der Erde.

V. Feste feiern

1. Feste und Feiern gibt es viele

Feste und Feiern

- Trage in das Kästchen spontan die Feste und Feiern ein, die dir einfallen.

- Vergleiche deine Liste mit der deines Nachbarn.
- Sortiert die gefundenen Feste nach:

    Familiäre Feste – religiöse Feste – staatliche Feste

- Welche Feste und Feiern sind für dich besonders wichtig?
- Welche Feste und Feiern magst du gar nicht?

Erstelle eine Fest- oder Feierliste. Für fast jeden Buchstaben kannst du einen oder mehrere Feste bzw. Feiern finden.

Allerheiligen, Abiturfeier	I	Q
B	J	R
C	K	S
D	L	T
E	M	U
F	N	V
G	O	W
H	P	Zuckerfest

V. Feste feiern

2. Warum feiern Menschen Feste?

| Bald ist wieder Weihnachten. Erna freut sich sehr auf dieses Fest. Dann kommt die gesamte Familie zusammen, um gemeinsam zu essen und zu feiern. Außerdem gibt es Geschenke. Erna hat als Hauptwunsch ein neues Fahrrad. | Rüdiger wird morgen 9 Jahre alt. Er hat deshalb seine besten Freunde zu sich eingeladen. Gemeinsam werden sie nach dem Kuchenessen ins Kino gehen. Rüdiger freut sich schon sehr auf seinen Geburtstag. |

| Bille und Toni können den Samstag kaum erwarten, ihr Häuserblock feiert das große Straßenfest. Dann gibt es Gegrilltes und Eis, viele Spiele und Preise zu gewinnen. Auch die Erwachsenen haben an diesem Tag ihren Spaß. Jeder bringt zum Straßenfest etwas mit. | Vater ist 25 Jahre bei der gleichen Firma beschäftigt. Sein Chef hat deshalb alle Mitarbeiter zu einem Essen eingeladen. Dort werden Reden gehalten und Vater bekommt sicher auch ein Geschenk. Wir alle sind stolz, dass Vater eine so gute Arbeit hat. |

| Gestern ist Oma Greta beerdigt worden. Nach der Trauerfeier hat sich die gesamte Verwandtschaft im Gasthaus getroffen. Man hat viel über Oma erzählt, geweint, aber auch gelacht. Komisch, dass die Erwachsenen nach einer Beerdigung feiern. | Heute ist der 3. Oktober und wir haben schulfrei, weil Nationalfeiertag ist. Diesen Tag haben die Politiker festgelegt. In der Familie merken wir nichts davon, außer, dass alle zu Hause sind, obwohl wir Dienstag haben. |

- Berichte über die sechs Feste.
- Schreibe an die einzelnen Feste die Gründe, warum gefeiert wird.
- Hast du auch schon solche Feste mitgefeiert? Erzähle.
- Trage die Gründe, weshalb Feste gefeiert werden in den Stern ein.

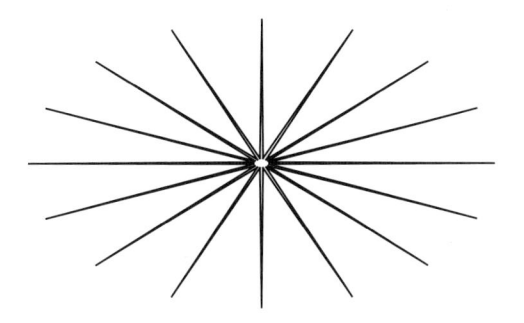

V. Feste feiern

3. Wir bereiten eine Geburtstagsfeier vor

Im Kalender steht:

12 Juni Eric (G)

Eric plant seinen Geburtstag!

- Nimm dir einen Zettel und schreibe darauf, woran Eric denken sollte.
- Vergleiche deine Eintragung mit der deines Nachbarn.
- Bildet Vierer-Gruppen und erstellt eine Checkliste „Geburtstagsvorbereitung". Die unteren Anregungen können euch eine Hilfe bieten.
- Bestimmt einen Gruppensprecher und tragt eure Checkliste der Klasse vor.
- Legt anschließend in der Gruppe das Geburtstagsprogramm fest.
- Denkt auch an eine toll gestaltete Einladung!

Daran sollte man bei der **Checkliste** auch denken:	
Kuchen	Überraschungen für die Gäste
Knabbergebäck	Rolle der Erwachsenen
Getränke	Ende der Feier
Abendessen	Beginn der Feier
Ort der Feier	Raumnutzung
Ort des Essens	Programm: alle alles zusammen
Tischdekoration	in Gruppen je nach Lust
Raumdekoration	Spiele – Musik – Unterhaltung
Einladungskarten	Fernsehen – Rally – ....
Platzkarten	....
Geschenketisch	Fahrgemeinschaften

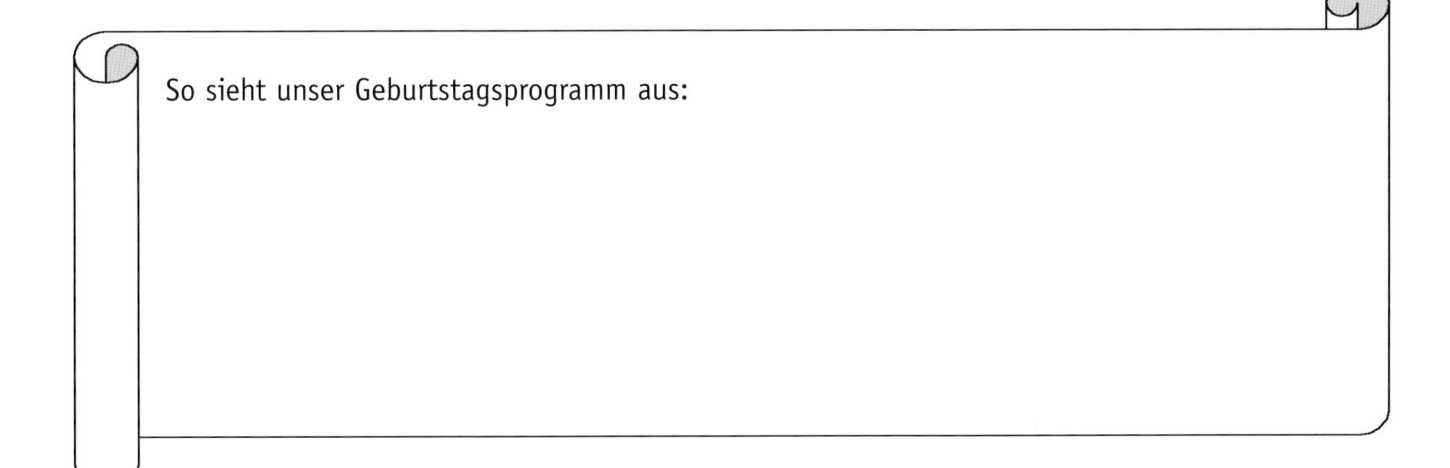

So sieht unser Geburtstagsprogramm aus:

- Zeichnet eine tolle Einladungskarte auf einem leeren Blatt.

V. Feste feiern

Eine Feiergeschichte zum Nachdenken

- Betrachte das Bild.
- Wärst du gerne das Kind?
- Warum ist es wohl so traurig?
- Schreibe mögliche Gründe auf:

_____

_____

_____

_____

So ein blöder Tag!

Carol wird 8.

Das ist passiert:

Einen großen Berg voller Geschenke und trotzdem unglücklich, so empfindet Carol im Moment. Alle Verwandten, Oma und Opa, Patentante und Mamas Freundin waren jeder mit einem großen Geschenk zu Carols Geburtstag erschienen und hatten gratuliert. Dann aber, wie bei Erwachsenen üblich, hatten sie nur noch über sich selbst, ihre Probleme und Erlebnisse gesprochen. Selbst Oma hatte sich kaum um Carol gekümmert, zu spannend war Tante Josefas Urlaubsbericht.

Carol saß alleine in einer Ecke des Wohnzimmers. Schade, dass ich meine zwei besten Freundinnen nicht einladen durfte, dachte sie immer wieder. Mit denen hätte ich Spaß gehabt und sie hätten auch bestimmt nicht gestört, wie Mama behauptete.

So erlebe ich eine traurige Feier. Die Geschenke interessieren mich eigentlich kaum. Ich hätte viele lieber nichts bekommen und dafür...

- Berichte über die Geburtstagsfeier von Carol.
- Warum ist sie so traurig?
- Was fehlt ihr zu einem gelungenen Fest?
- Habt ihr auch schon Feste erlebt, die alles andere als schön waren?
- Mutter hat es sicher gut gemeint, dass sie alle Verwandten eingeladen hat. Warum hat dies nicht funktioniert?
- Warum hat Carol keine Lust auf die Geschenke?

Daran sollte man bei einer Feier denken!

V. Feste feiern

4. Feste verschiedener Religionen

Das Fest des Fastenbrechens

Wütend knallt Jasmin ihren Schulranzen in die Ecke. Erstaunt betrachtet die Mutter diesen Wutausbruch. Jasmin erklärt noch, bevor sie in ihrem Zimmer verschwinden will: „So eine Ungerechtigkeit! Die Amna hat morgen schulfrei und wir müssen in die Schule kommen. Frau Schneider hat dies am Ende des Unterrichtstages gesagt." „Vielleicht hat sie ja einen Schulausschluss, weil sie etwas angestellt hat", bemerkt Mutter vorsichtig. „Nein, die feiert morgen Fastenbrechenfest, auch das hat Frau Schneider gesagt." „Hat Frau Schneider euch denn nicht erklärt, was das bedeutet?", fragt Mutter nach. „Weiß ich nicht", erklärt Jasmin motzig, „ich habe gar nicht mehr zugehört." Dann hört man nur noch das Knallen einer Türe.

- Erzähle mit deinen Worten, was geschehen ist oder spiele die Szene nach.
- Warum ist die Lehrerin so ungerecht?
- Unterstreiche den Grund mit Farbe.
- Kannst du den Grund erklären?

Dass Amna zu Hause bleiben kann, liegt an dem Fest des Fastenbrechens.

- Zerlege das Wort in seine drei Bestandteile und schreibe kurz auf, was diese bedeuten:

Fasten	Brechen	Fest

- Tragt vor, wie ihr die Wortbestandteile erklärt habt.
- Was könnte Fastenbrechen für ein Fest sein?

> **INFO**
> Fastenbrechen ist ein islamisches Fest. Es wird am Ende des Fastenmonats Ramadan gefeiert. Während des Ramadans dürfen Erwachsene vom Sonnenaufgang bis zum Sonnenuntergang keine Speisen zu sich nehmen. Das Fasten dauert einen Monat. Mit einem großen Familienfest wird das Fastenende gefeiert. Man dankt Allah, dass er die Menschen zum Fasten stark gemacht hat und dass er ihnen ihre Schuld vergibt. Glückwünsche und Geschenke, Besuche bei der Verwandtschaft und die Unterstützung armer Menschen gehören zum Kern des Festes.

- Besorgt euch zusätzliche Informationen zum Fastenbrechenfest. Dazu könnt ihr Eltern von moslemischen Schülern oder Schülerinnen in die Schule einladen, um euch genau über das Fest zu informieren.
- Ihr könnt auch selbst Mitschüler am Nachmittag besuchen und deren Eltern befragen.

V. Feste feiern

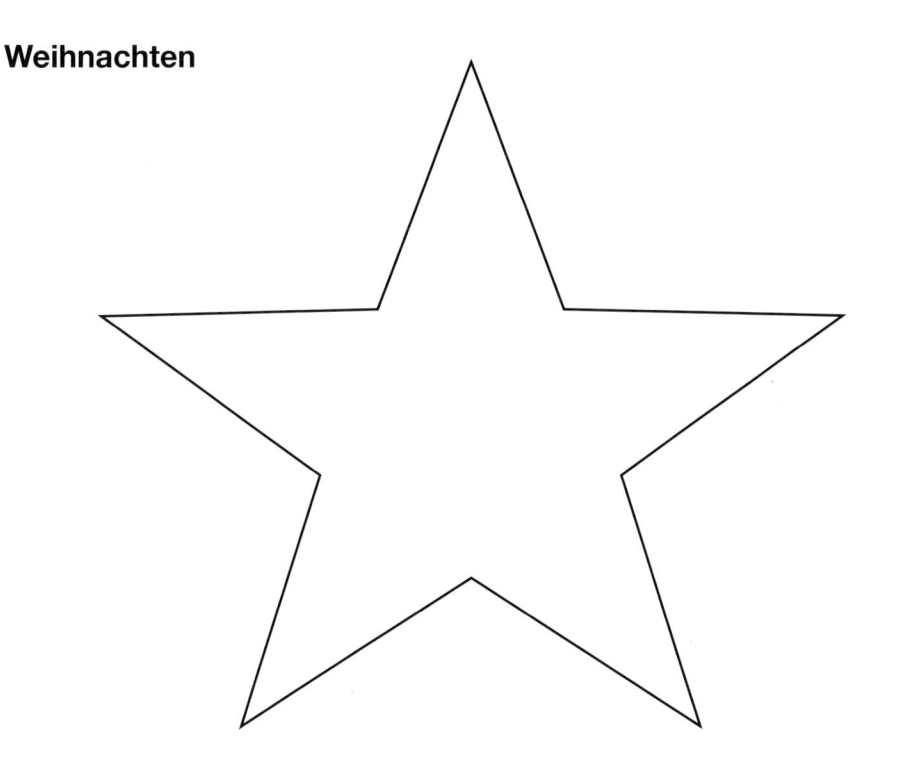

Weihnachten

- Schreibe Stichworte in den Stern: Was fällt dir zu Weihnachten ein?

- Warum feiern wir das Fest? Wie wird es gefeiert?

- Hältst du dieses Fest für wichtig? Begründe!

Weihnachen abschaffen?

Emili ist total geschockt. Gestern hatte ihr Opa gesagt, eigentlich müsse man Weihnachten abschaffen. Die Kinder könnten ruhig zur Schule gehen und die Erwachsenen zur Arbeit. „Das meinst du doch nicht wirklich"?, hatte Emili verdutzt nachgefragt. „Doch", hatte Opa geantwortet, „kein Mensch geht mehr in den Gottesdienst, die Schränke sind voller unnützer Geschenke und keiner hat mehr Zeit für den anderen. Ihr bleibt ja wenigstens zu Hause, aber Onkel Josef fährt mit seiner Familie in den Skiurlaub und Tante Berta nach Spanien, weil es da warm ist. Wenn ich nur an früher denke, dann werde ich ganz traurig." Emili war danach beleidigt in ihr Zimmer gegangen.
Heute Mittag hat sie es dann der Mutter erzählt. „Also ganz Unrecht hat Opa nicht", meinte sie, „komm, setzen wir uns auf die Couch. Ich versuche es dir zu erklären."

- Berichte über die geschockte Emili. Was hat Opa gesagt?
- Mutter versteht Opa. Was wird sie Emili erklären?
- Frage zu Hause nach, wie deine Großeltern früher Weihnachten gefeiert haben. Ihr könnt dazu auch Großeltern in die Schule einladen.

INFO	Weihnachten ist ein christliches Fest. Die Christen feiern die Geburt von Jesus, dem Sohn Gottes, der geboren wurde, um die Menschen zu erlösen. Christen besuchen an Weihnachten die Gottesdienste, um Gott zu danken und die Geburt zu feiern. In den Familien feiern die Menschen mit gutem Essen und Geschenken. Häufig trifft sich die ganze Familie bei verschiedenen Verwandten. An den Weihnachtsfeiertagen ruht die normale Arbeit.

- Erläutere den Sinn des Weihnachtsfestes.
- Was meinst du jetzt zu Emilis Opa?
- Erstellt ein großes Plakat: Weihnachten in der Klasse _____

V. Feste feiern

Das Fest „Bar Mizwa"

„Jonas kann heute nicht zu meiner Geburtstagsfeier kommen", sagt Holger zu seiner Mutter, als diese für den Nachmittag den Tisch vorbereitet. „Jonas muss heute für seine Bar Mizwa üben. Stell dir vor, Jonas kann hebräisch lesen, diese Buchstaben sehen total komisch aus. Und er muss nächste Woche vor der ganzen Gemeinde vorlesen. Ich wäre ziemlich aufgeregt, ...

- Wovon berichtet Holger?
- Was erfährst du über das Bar Mizwa Fest?
- Kannst du dir denken, um welche Religion es sich handelt?

INFO Bar Mizwa heißt „Sohn der Pflicht". Es ist ein jüdisches Fest und wird gefeiert, wenn der Junge bzw. das Mädchen in die Gemeinschaft der gläubigen Juden aufgenommen wird. Meist ist das im Alter von 12–13 Jahren. Bei der Feier in der Synagoge trägt der Junge die typische jüdische Gebetskleidung, den Gebetsmantel und die Gebetsriemen, die um Hand und Kopf geschlungen werden. Er liest dann eine Stelle aus der Bibel vor, möglichst in hebräischer Sprache. Anschließend folgt eine große Feier im Familienkreis mit Glückwünschen und Geschenken.

- Erkläre das jüdische Fest Bar Mizwa.
- Warum wird es gefeiert?
- Wenn möglich, erkundigt euch bei einer jüdischen Familie.

Neben den drei erwähnten religiösen Festen gibt es noch viele Feste, die auf die Religion zurückgehen.

- Fülle dazu die folgende Tabelle aus.

Fest	Religion	Bedeutung
Weihnachten	Christentum	Geburt Jesu, Familienfest

VI. Natur und Umwelt

1. Menschen leben mit der Natur

Ist das ein Ausblick!

Ich beschreibe euch, was ich sehe!

Das Meer bei Flut. Am Strand stehen Bert und Lisa.

Bert sieht:
Drachenflieger schweben über die Wellen, Surfer lassen sich treiben und versuchen auf den Brettern zu bleiben. Im Hintergrund sieht man ein riesiges Containerschiff. Ein Hubschrauber der Küstenwache kontrolliert den Strand. Ein besonders geschickter Surfer rast auf den Strand zu. Am Rand steht ein Bagger. Er reinigt nach der Flut den Strand von Schlick und Pflanzen. Ein Traktor fährt ...

Lisa sieht:

VI. Natur und Umwelt

- Beschreibe, was Lisa von ihrem Balkon aus alles sieht.
- Trage ihre Beschreibung in das freie Kästchen ein.
- Erkläre, was Bert alles gesehen hat.
- Zeichne dazu in die Sichtblase ein entsprechendes Bild.
- Warum sehen die zwei Kinder auf dem gleichen Balkon etwas ganz anderes?
- Wer hat besser beobachtet?

Auch wenn viele Menschen es gar nicht bemerken, wir sind überall von der Natur umgeben und leben mittendrin. Die Natur hat einen direkten Einfluss auf unser Leben.

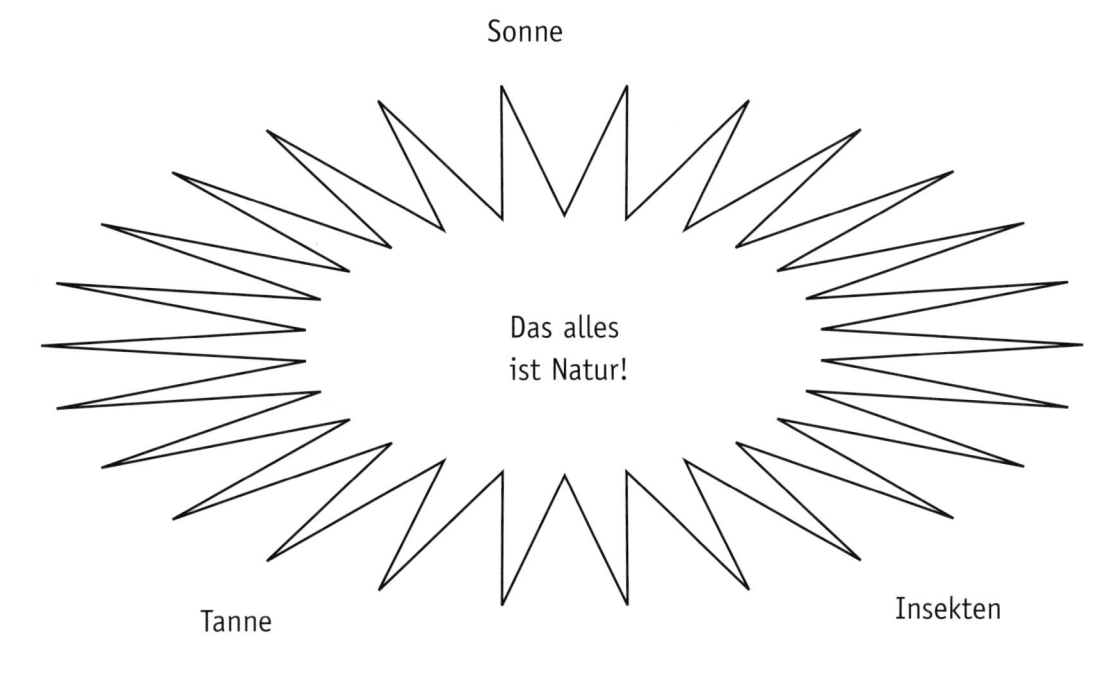

Sonne

Das alles ist Natur!

Tanne   Insekten

- Fülle den Naturstern aus.
- Versuche möglichst Oberbegriffe zu finden.
- Vergleicht eure Natursterne in der Klasse.
- Ordnet die Begriffe nach diesen Gesichtspunkten:

Pflanzenwelt - Tierwelt - Klima - Wasser - Luft - Erde

- Zeige an Beispielen, wie die Natur auf den Menschen wirken kann. Die Überschriften helfen dir dabei.

> Immer nur Regen, die Kinder in der Schule sind richtig zappelig.

> Wenn die Sonne scheint, bin ich immer gut gelaunt.

> Bei einem Spaziergang durch den Wald kann man viel entdecken.

> Wieder ein Winter ohne richtigen Schnee, der Schlitten war umsonst.

> Dieses Jahr gibt es sehr viele Birnen. Wir helfen beim Pflücken.

> Es gibt nichts Schöneres, als den Vögeln beim Nestbau zuzusehen.

VI. Natur und Umwelt

2. Die Natur beschwert sich

Ein seltsames Telefonat

Hallo, hier sind Sonja und Alex aus der Klasse 4 a.

Wir haben in der Schule über dich gesprochen und wollen wissen, wie es dir geht.

Huch, das haben wir nicht erwartet. Mangelhaft, dann könntest du ja sitzenbleiben.

Und was passiert, wenn du wirklich nicht weiterkommst? Ist das eigentlich sehr schlimm?

Das ist aber unfair! Kannst du uns erklären, warum wir alle leiden?

Ehrlich, liebe Natur, sag, was dich so bedrückt, wir hören genau hin und schreiben alles auf. Morgen erzählen wir es dann in der Schule.

Guten Tag, ich bin die Natur! Was kann ich für euch tun?

Danke der Nachfrage, mir geht es ziemlich schlecht, in Schulnoten ausdrückt: mangelhaft.

Stimmt! Obwohl ich mich mächtig anstrenge, sehe ich keinen Fortschritt. Immer kommt etwas anderes dazwischen.

Ich denke schon. Dann wird es euch ebenfalls viel schlechter gehen.

Das ist ganz einfach erklärt; aber hört auch wirklich zu. Ich habe schon oft meine Boten ausgeschickt, aber keiner beachtet diese Zeichen.

Das ist lieb von euch, also darüber möchte ich mich beklagen:

- Berichtet über das Telefonat oder spielt es durch.
- Vermutet, worüber sich die Natur beklagt.
- Schreibt dazu Stichworte auf.
- Vergleiche die Stichworte mit denen deines Nachbarn und einigt euch auf besonders wichtige Gesichtspunkte.
- Was könnte mit den Boten der Natur gemeint sein?
- Notiert diese als Vermutungen an der Tafel.

Darüber wird sich die Natur vermutlich beschweren:

VI. Natur und Umwelt

3. So belasten wir Natur und Umwelt

Die Natur erzählt in einem Telefonat Alex und Sonja aus der Klasse 4 a zehn Momentaufnahmen aus dem Leben der Familie Sorglos:

> Wenn Emily morgens nach dem Aufstehen ins Badezimmer kommt, ist das gesamte Haus angenehm warm. Vater hat die Heizung so programmiert, dass um 6:30 Uhr alles bereits warm ist.

> Mutter kommt ins Bad. Sie ärgert sich. Die Kinder haben wieder alles liegen lassen. Shampoo und Duschgel sind schmierig und angedrückt. Mutter wirft alles in den Abfall und holt aus dem Keller neue Packungen.

> Emily und Kevin trödeln extra. So verpassen sie wieder einmal den Schulbus. Mutter ist zwar sauer, fährt die beiden aber trotzdem mit dem Auto in die Schule.

> Hausaufgabenzeit: Emily zerknüllt eben das 5. Blatt Papier aus ihrem Block. Sie hat immer wieder bei der Überschrift nicht aufgepasst und geschmiert.

> Abends versucht Kevin seinem Vater zu erklären, dass es seit gestern ein neues Handy auf dem Mark gibt, das er unbedingt braucht. Das alte Handy könnte man ruhig in den Müll werfen, es wäre sowieso viel zu langsam und veraltet.

> Emily duscht gerne. Sie dreht den Wasserhahn auf, stellt das Wasser genau auf ihre Lieblingstemperatur ein und lässt es laufen. Sie geht einen Schritt zur Seite, schäumt die Haare ein und duscht sie ausgiebig ab. Dann kommt der Körper mit dem Duschgel dran. Anschließend lässt sie das warme Wasser noch eine Zeit lang über sich laufen.

> Kevin hat seit 6 Uhr den Fernseher laufen. Sobald er aufsteht wird die Fernbedienung gedrückt. Zum Schauen kommt er aber kaum einmal.

> Ihr Pausenbrot haben Emily und Kevin im Papierkorb entsorgt, Leberwurst und Käse mögen sie nicht. Statt dessen kaufen sie am Schulkiosk Säftchen, Müsliriegel und Kellogspäckchen. Die Verpackungen liegen etwas später auf dem Schulhof.

> Emily ist es oft kalt. Deshalb stellt sie zwei Stunden vor Schlafenszeit ihre Heizdecke an. Heute ist es aber ziemlich warm. Emily reißt das Fenster auf und wirft die Heizdecke aus dem Bett.

> Da Mutter auf dem Elternabend ist, muss Vater spülen. Er räumt das Geschirr von 4 Personen, die Töpfe und Gläser in die halb gefüllte Spülmaschine und schaltet sie an.

Winfried Röser: Ethik – 3./4. Klasse
© Persen Verlag, Buxtehude

VI. Natur und Umwelt

- Erzähle die 10 Momentaufnahmen der Familie Sorglos mit deinen Worten.
- Erkläre, was deiner Meinung nach nicht in Ordnung ist.
- Trage die fehlerhaften Verhaltensweisen in die Liste ein:

Aufstehen	ganzes Haus warm	unnötig geheizt

- Warum nennt die Natur die Familie „Familie Sorglos"?
- Fallen dir noch andere fehlerhafte Verhaltensweisen ein, welche die Familie Sorglos begehen könnte?
- Ergänze deine Liste.
- Schau dazu auch, was Kevin und Sonja auf ihrem Stichwortzettel mitgeschrieben haben:

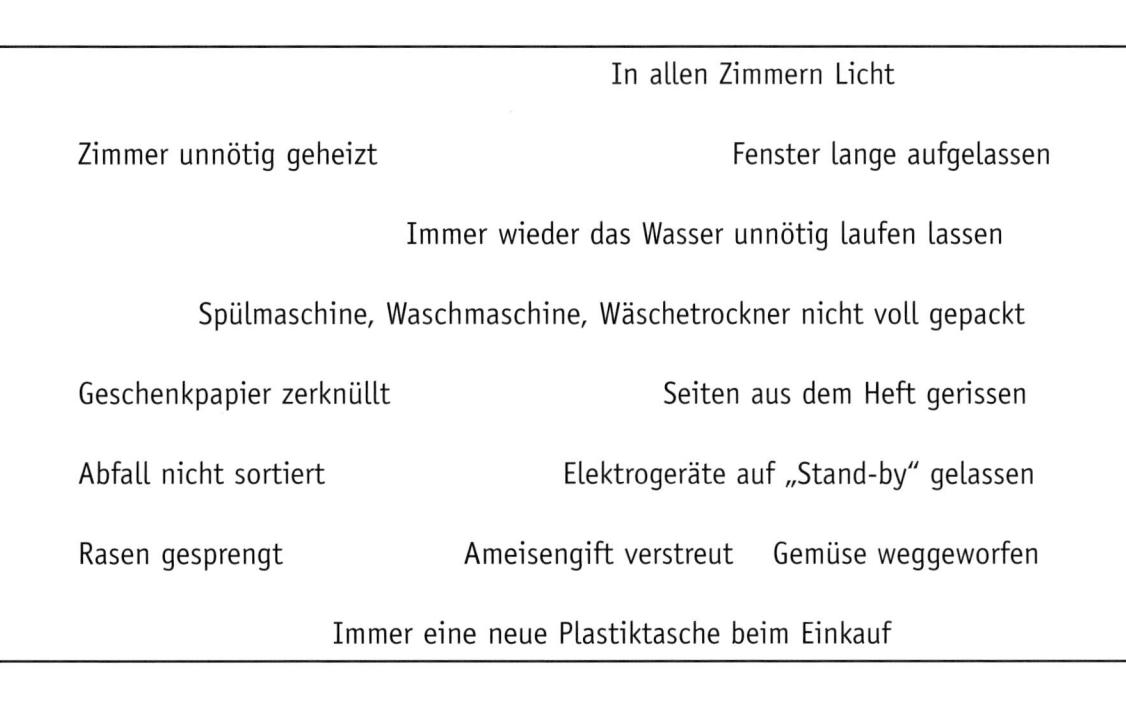

In allen Zimmern Licht

Zimmer unnötig geheizt   Fenster lange aufgelassen

Immer wieder das Wasser unnötig laufen lassen

Spülmaschine, Waschmaschine, Wäschetrockner nicht voll gepackt

Geschenkpapier zerknüllt   Seiten aus dem Heft gerissen

Abfall nicht sortiert   Elektrogeräte auf „Stand-by" gelassen

Rasen gesprengt   Ameisengift verstreut   Gemüse weggeworfen

Immer eine neue Plastiktasche beim Einkauf

VI. Natur und Umwelt

Die 10 größten Umweltsünden der Menschen – auch deine!

Verschwendung von Heizenergie   *Verschwendung von Wasser*

unnötiges Verpackungsmaterial   *unnötiges Autofahren*

Verschwendung von Strom   *Wegwerfen noch brauchbarer Sachen*

unnötiger Papierverbrauch   *zu viele Kosmetika*

Wegwerfen von Lebensmitteln   *Einsatz von chemischen Mitteln*

- Ordne aus deiner Liste einzelne Verhaltensweisen den Umweltsünden zu.
- Bereite mit deinem Nachbarn einen kleinen Vortrag zum folgenden Thema vor: Das alles verschwenden die Menschen und die Natur beklagt sich.
- Haltet diesen Vortrag vor der Klasse.

- Hast du in dem Schild etwas Neues erfahren?
- Was überrascht dich am meisten?
- Kennst du auch solche Beispiele? Frage einmal deine Eltern.

Hättet ihr gewusst, dass ...
- jeder in Deutschland im Jahr 252 kg Papier verbraucht
- jeder in Deutschland im Jahr 523 kg Müll produziert
- jeder am Tag 50 l Wasser nur für Hygiene verbraucht
- mehr als die Hälfte des Plastikabfalls von Verpackungen stammt
- in einem Bus genauso viele Personen fahren können, wie in 25 halbbesetzten Autos
- es in Deutschland mindestens 50000 km Fahrradwege gibt
- man alte Handys auch an Recyclingfirmen verkaufen kann
- ein Rasensprenger in der Stunde soviel Wasser verbraucht, wie du bei 28-mal duschen
- manches Gemüse aus dem Supermarkt mehr als 1000 km Transportwege hinter sich hat
- 5 Energiesparlampen im Jahr 65 € Stromkosten sparen, wenn sie täglich 5 Stunden brennen
- ein über Nacht angelassener PC soviel Energie verbraucht wie 800 Seiten Laserdrucker
? ? ? ? ? ? ? ? ? ? ? ? ?
? ? ? ? ? ? ? ?

VI. Natur und Umwelt

4. Wir zerstören die Umwelt – die Natur wehrt sich

Die Natur sagt in dem Telefonat zu Sonja und Alex:
Ich habe schon oft meine Boten ausgeschickt, aber niemand beachtet diese Zeichen!

© Olaf2/Wikipedia (CC-BY-SA 3.0)

- Beschreibe die 4 Bilder.
- Welche Boten der Natur sind zu erkennen?
- Fallen dir spontan andere Boten ein, die die Natur uns geschickt haben könnte?
- Frage hierzu auch deine Eltern bzw. Großeltern: Was war früher in der Natur anders?

VI. Natur und Umwelt

Auch Kevin hat seinen Opa befragt und dieser hat ihm Folgendes erzählt:

> „Früher, ja, da hatten wir noch richtige Winter. Zwei bis dreimal im Jahr gab es eine längere kalte Zeit mit Schnee. Dieser blieb dann bis zu 2 Wochen liegen. Für uns war das eine herrliche Zeit. Wir konnten den Hügel herabfahren und vergnügten uns auch auf der „Teufelsbahn". Jeder von uns hatte einen richtigen Holzschlitten, nicht so komische Plastikteile wie ihr heute. Gelenkt haben wir mit den Stangen, an denen im Sommer die Stangenbohnen wuchsen. Abends sind wir ausgekühlt und total fertig nach Hause gekommen. Oft haben uns die Lehrer bei Schnee wenig Hausaufgaben aufgegeben. Und heute? Ich glaube, du hast deinen Schlitten die letzten beiden Jahre nicht mehr gebrauchen können, oder?"

Sonja erfuhr von ihrer Oma etwas Anderes, sehr Interessantes.

> Jedes Jahr im Frühjahr, wenn die Schneeschmelze in den Vogesen war und es viel regnete, bekamen wir an der Mosel Hochwasser. Meine Eltern wussten genau: Wenn die Mosel in Trier eine bestimmte Höhe erreicht hatte, dann blieben uns noch ausreichend Zeit den Keller auszuräumen und die Möbel der unteren Etage nach oben zu bringen. Meistens dauerte das Hochwasser zwei bis drei Tage. Ich ärgerte mich und freute mich zugleich. Natürlich musste ich mit anpacken beim Räumen, aber wenn der Schulweg unter Wasser stand, dann fiel die Schule aus. Jetzt passiert es immer öfter, wie vor fünf Jahren. Obwohl das Meldezentrum in Trier keine besonderen Warnungen ausgesprochen hatte, prasselte ein richtiges Unwetter nieder und das im Dezember. Wir hatten keine Zeit mehr richtig zu räumen. Die ganze Einrichtung im unteren Stock war verloren. Das Auto von Tante Gerta, das vor dem Haus parkte, wurde von den Fluten mitgerissen. Beim Onkel Josef starben 3 Schweine vor Panik, als das Wasser in ihren Stall lief. So etwas hätte es früher nie gegeben.

- Berichte über die beiden Großelternerzählungen.
- Von welchen Naturgegebenheiten sprechen diese?
- Habt ihr ähnliche Berichte von euern Eltern oder Großeltern erhalten?
- Warum hat sich die Natur so verändert?
- Schaut euch dazu auch die folgenden Schlagzeilen an und erläutert das Besondere an diesen Berichten.

> Es ist Dezember. Heute Nacht hat mich eine Stechmücke gestochen.

> Vor einigen Jahren hatten wir für ein paar Tage fast 40 Grad Hitze.

> Die Gewitter im Sommer werden immer schlimmer.

> Wir waren im Frühjahr auf Mallorca und hatten einen total verregneten Urlaub.

> In der Zeitung konnte man lesen, dass die Eisbären vom Aussterben bedroht sind.

VI. Natur und Umwelt

- Was fällt dir zu der Zeichnung rechts ein: Beschreibe diese. Was ist seltsam? Was soll damit ausgedrückt werden?

- Gib jetzt dem Bild eine passende Überschrift!

_____

_____

Das waren noch Zeiten!

Die Natur wehrt sich – es kommt zu Katastrophen – Wissenschaftler warnen uns Menschen. Es wird alles noch viel schlimmer!

Das Eis in der Antarktis wird schmelzen.
Die Gletscher in den Gebirgen gehen zurück.
Es gibt immer schlimmere Unwetter.
In vielen Gegenden der Welt wird es nur noch trocken sein.
Die Winter werden immer milder.
Die Anzahl der schweren Wirbelstürme auf der Welt nimmt zu.
Viele Tiere und Pflanzen werden nicht überleben können.

Die Konsequenzen für die Menschen:

Unwetter zerstören Häuser, Straßen und Plätze.
Der Meeresspiegel wird ansteigen und Gebiete überfluten, in denen heute noch Menschen leben.
Die Versorgung der Menschen mit Nahrung und Wasser wird schwieriger, die Hungersnöte werden zunehmen.
Die schweren Wirbelstürme werden in immer kürzerer Zeit ganze Landstriche heimsuchen. Die Menschen verlieren alles, was sie besessen haben, oft sogar auch ihr Leben.

- Erkläre die verschiedenen Konsequenzen für die Menschen.
- Suche Bilder und Beschreibungen solcher Katastrophen. (Bücher, Zeitschriften, Internet)
- Erstellt eine Collage: Die Natur wehrt sich – Die Menschen werden leiden!

VI. Natur und Umwelt

5. Die Natur wehrt sich – wir müssen handeln.

Rettet die Natur - strengt euch an!

Ich kann sowieso nichts machen, sollen erst einmal die anderen beginnen!

*Viele kleine Leute, an vielen kleinen Orten, die viele kleine Dinge tun, können das Gesicht der Welt verändern.
(afrik. Sprichwort)*

- Welche Meinungen werden vertreten?
- Versuche die Meinungen zu begründen.
- Welche Meinung findest du besser?

Aus einer Gesprächsrunde der 4. Klasse der Grundschule in _____:

Lehrer:	Jeder von euch kann der Natur helfen, zu überleben. Wichtig ist, dass ihr Verhaltensweisen beschreibt, die ihr auch wirklich umsetzen könnt.
Andre:	Ich habe früher oft gebadet, jetzt dusche ich lieber. Das spart Wasser. Außerdem drehe ich den Hahn zu, wenn ich mich einseife.
Sebina:	Das mache ich auch. Wir achten darauf, dass wir nur natürliche Toilettenartikel ohne große und teure Verpackung gebrauchen.
Celina:	Oft kann man dafür auch Nachfüllpacks kaufen, das ist sogar billiger und macht weniger Abfall.
Lehrer:	Der Abfall ist doch nicht so schlimm, er kommt in den Müllcontainer und der wird regelmäßig geleert.
Celina:	Und wenn die Mülldeponie voll ist? Habt ihr eine Ahnung, welche Rohstoffe und wie viel Energie man zum Herstellen von Plastikbehältern braucht?
Andre:	Wenn man Energie spart, gibt es auch weniger Abgase und das hilft der Natur.
Chris:	Abgase kann man aber auch anders noch einsparen ...

- Worüber sprechen die Viertklässler?
- Sind deren Aussagen richtig?
- Führt die Gesprächsrunde weiter. Macht euch dazu zunächst Stichworte. Die Aussagen auf Seite 57 helfen euch dabei.
- Vergleicht die Stichworte in einer Kleingruppe.
- Sucht euch zwei Bereiche heraus, über die ihr das Gespräch weiterschreiben wollt. Notiert, was die Schüler sagen könnten.
- Spielt anschließend das Gespräch. Es können so immer wieder neue Gesichtspunkte und Verhaltensweisen diskutiert werden.

VI. Natur und Umwelt

Tipps für Mädchen und Jungen der 4. Klasse:

Pullover anziehen   Secondhandshop   Fahrrad fahren

Pfandflaschen   Müll sortieren   solarbetriebene Elektrokleingeräte

Papier sparen   fernsehfreier Abend

Wärmflasche   Pausenbrot statt Snacks kein Stand-by-Betrieb

Oft sind auch die Erwachsenen nicht bereit, etwas für die Natur und Umwelt zu tun:

Darauf könnt ihr eure Eltern oder die Großen hinweisen:

Sonnenkollektoren aufs Dach
    Zugige Ritzen an Fenstern oder Türen verstopfen
        Nachtabsenkung einschalten
            Dachboden isolieren
                Energiesparlampen kaufen
Elektrogeräte mit Energiesparschaltern (Trockner, Spül- und Waschmaschine)
Regentonne im Garten oder eine Zisterne
    Motor ausstellen, wenn man steht
        richtiger Reifendruck spart Sprit
Dachgepäckträger abmontieren
    Einkaufen genau planen   ....

        ....

            ....

- Formuliere aus den Stichworten Sätze und Bitten an die Erwachsenen.
- Versuche dabei zu erklären, welchen Vorteil ein solches Verhalten für die Umwelt mit sich bringt.
- Entwirf ein kleines Werbeblatt für ein umweltgerechtes Verhalten.
- Verteilt das Werbeblatt in der Schule oder der Familie.

VI. Natur und Umwelt

6. Ein Umwelttagebuch hilft uns und der Natur

Trage ein, was du in der Woche vom _____ bis zum _____ Gutes für Umwelt und Natur getan hast.
Für jeden Eintrag erhältst du einen Pluspunkt.
Bei 10 Pluspunkten bist du ein Naturbursche oder ein Naturmädchen:

_____

_____

_____

_____

_____

_____

_____

_____

_____

Sicher ist dir in dieser Woche auch einiges schief gelaufen, was Natur und Umwelt betrifft.
Schreibe hierzu drei bis fünf Verhaltensweisen auf, an denen du arbeiten kannst:

_____

_____

_____

_____